K A N T

FONDEMENTS DE LA MÉTAPHYSIQUE DES MŒURS

Traduction revue
et
Commentaire
notes, notice bibliographique,
index des notions et des auteurs cités

par

Jacques MUGLIONI
Agrégé de Philosophie
Inspecteur général de l'Instruction publique

BORDAS

Sommaire

INDEX DES NOTIONS 6

Texte
FONDEMENTS DE LA MÉTAPHYSIQUE DES MŒURS :

PRÉFACE 7

PREMIÈRE SECTION
Passage de la connaissance morale commune de la raison à la connaissance philosophique 15

DEUXIÈME SECTION
Passage de la philosophie morale populaire à la métaphysique des mœurs 32

TROISIÈME SECTION
Passage de la métaphysique des mœurs à la critique de la raison pure pratique 85

Commentaire :
Avertissement 110
Préface 113
Première section 123
Deuxième section 143
Troisième section 169
Conclusion 187

INDEX DES AUTEURS CITÉS 192

© Bordas/VUEF, 2001
© Éditions Bordas, Paris, 1988.
ISBN : 2-04-016857-5
ISSN : 0249-7220

Toute représentation ou reproduction, intégrale ou partielle, faite sans le consentement de l'auteur, ou de ses ayants droit, ou ayants cause, est illicite (article L.122-4 du Code de la Propriété intellectuelle).

Avant-propos

Les ouvrages de cette collection ont pour finalité première non pas de permettre aux lecteurs d'apprendre des doctrines philosophiques mais d'apprendre à philosopher.

Cependant philosopher ne consiste pas dans le simple exercice d'une méditation qui ne confronte jamais ses raisons avec celles des autres, mais implique un dialogue avec les grandes œuvres philosophiques : « Il n'y a pas d'autre méthode de penser que de lire les penseurs » (Alain, *Les Idées et les Âges*).

Il faut donc lire les philosophes eux-mêmes, comme le demandent les programmes du baccalauréat ou des concours d'entrée aux grandes écoles littéraires, scientifiques ou commerciales. Mais il faut les lire comme des philosophes, c'est-à-dire en philosophant soi-même : identifier leurs thèses, saisir leur articulation, analyser leur argumentation, apprécier leur portée, se mettre, à leur égard, en situation de dialogue et de réflexion critiques. C'est le rôle du commentaire, des notes et de l'index des notions qui accompagnent chaque texte d'aider l'apprenti-philosophe à mener une lecture effective, à discuter avec rigueur, et à produire l'explication qu'on attend de lui dans les examens et les concours.

FONDEMENTS DE LA MÉTAPHYSIQUE DES MOEURS*
de
Kant

---

* Traduction de J. Barni, revue et modifiée.

INDEX
DES NOTIONS EXAMINÉES DANS LE COMMENTAIRE

Anthropologie : 116-118
Autonomie : 159-173, 177
Beau : 190-191
Bien : 138-139, 160
Bonheur : 128-130, 149-151, 162, 167, 177
Caractère : 124
Chose en soi : 186
Conscience commune : 118-119
Critique : 113-116
Devoir : 130-131, 155-156, 158, 161, 174
Dialectique : 121, 176, 179
Dignité : 156, 159, 161-163, 165, 177
Exception : 138, 140, 153, 155-156
Expérience : 143-145, 157, 166, 176, 179
Explication : 182
Fait de raison : 116, 168
Fin, finalité : 127, 148-152, 157-162
Formalisme : 131-132, 154
Forme, formel : 114, 153-154, 161-162
Habileté : 149-151
Hétéronomie : 158, 160, 166-167, 171-172
Impératif : 147-148
— catégorique : 148-153, 156, 159, 160, 177-178
— hypothétique : 148, 150, 154, 157
Inconditionné : 122, 150, 160, 168-170, 176
Intention : 126
Intérêt : 149-150, 166, 168, 174, 183-185
Intuition : 152, 170, 173
Jugement apodictique : 149

— synthétique *a priori* : 149-152, 166, 178
Liberté : 154, 169-173, 177-184
Loi : 137-138, 153, 157, 169, 177-178
Matière, matériel : 114, 147, 149, 154
Maxime : 147-148, 153
Méchanceté : 172
Mensonge : 141, 153, 155
Métaphysique : 114, 157, 163, 170
Misologie : 128
Mobile : 137, 167
Monde intelligible : 175-177, 181
Moyen : 150-152, 157-158, 165
Obligation : 119-121, 165
Pathologique : 134
Pensée : 176, 181-182
Personne : 158-159, 163-164
Philosophie pure : 119, 156
Pragmatique : 116, 150
Pratique : 134, 173
Prudence : 149-150
Raison : 126, 157-159, 164, 170
— pratique : 116, 164, 184
— théorique : 116
Raisonnable : 157, 159, 164
Respect : 136-137, 158-159, 163
Rigorisme : 132-133
Sagesse : 185, 190
Sainteté : 148, 165, 178
Schématisme : 154, 165, 170
Sublime : 156, 164-165, 190
Technique : 148-149, 157
Transcendental : 115, 120
Volonté : 123, 130, 149, 151, 157, 167-174, 180

PRÉFACE

[1] La philosophie grecque se divisait en trois sciences : la *physique*, l'*éthique* et la *logique*. Cette division est parfaitement conforme à la nature des choses ; il ne reste qu'à y ajouter le principe sur lequel elle se fonde, afin de s'assurer, d'une part, qu'elle est complète, et de pouvoir, de l'autre, déterminer exactement les subdivisions nécessaires.

[2] Toute connaissance rationnelle est ou *matérielle* ou *formelle*. Dans le premier cas, elle considère quelque objet ; dans le second, elle ne s'occupe que de la forme de l'entendement et de la raison même, et des règles universelles de la pensée en général, abstraction faite des objets. La philosophie formelle s'appelle *logique*. La philosophie matérielle, qui s'occupe d'objets déterminés et des lois auxquelles ils sont soumis, est double, car ces lois sont ou des *lois de la nature* ou des *lois de la liberté*. La science des lois de la nature s'appelle *physique* ; celle des lois de la liberté, *éthique*. On appelle encore la première *philosophie naturelle*, et la seconde *philosophie morale*.

[3] La logique ne peut avoir de partie empirique, c'est-à-dire de partie où les lois universelles et nécessaires de la pensée reposeraient sur des principes dérivés de l'expérience ; car autrement elle ne serait plus la logique ; c'est-à-dire un canon pour l'entendement ou la raison, valable et démontrable pour toute pensée. Au contraire, la philosophie naturelle et la philosophie morale ont chacune leur partie empirique, puisque la première doit déterminer les lois de la nature, en tant qu'objet d'expérience, c'est-à-dire les lois de tout ce qui arrive, et la seconde les lois de la volonté de l'homme, en tant qu'elle est affectée par la nature, c'est-à-dire les lois de ce qui doit arriver, mais elle doit

tenir compte des conditions qui font que souvent aussi cela n'arrive pas.

[4] On peut appeler *empirique* toute philosophie qui s'appuie sur des principes de l'expérience, et *pure*, celle qui tire ses doctrines uniquement de principes *a priori*. Lorsque cette dernière est simplement formelle, elle prend le nom de *logique* ; mais si elle est restreinte à des objets déterminés de l'entendement, elle s'appelle *métaphysique*.

[5] Nous sommes ainsi conduits à l'idée d'une double métaphysique : d'une *métaphysique de la nature* et d'une *métaphysique des mœurs*. La physique aura en effet, outre sa partie empirique, sa partie rationnelle. De même l'*éthique*. Mais on pourrait désigner particulièrement sous le nom d'*anthropologie pratique* la partie empirique de cette dernière science, et réserver spécialement celui de *morale* pour la partie rationnelle.

[6] Toutes les professions, tous les métiers et tous les arts ont gagné à la division du travail. En effet, dès que chacun, au lieu de tout faire, se borne à un certain genre particulier de travail, dont l'exécution diffère notablement des autres, il peut le pousser au plus haut degré de perfection et le faire avec beaucoup plus de facilité. Là au contraire où les travaux ne sont pas distingués et divisés, où chacun fait tous les métiers, tous restent dans la plus grande barbarie. La philosophie pure n'exigerait-elle pas, pour chacune de ses parties, un homme spécial ; et, si ceux qui ont coutume d'offrir au public, conformément à son goût, un mélange d'éléments empiriques et d'éléments rationnels, combinés d'après toutes sortes de rapports qu'eux-mêmes ne connaissent pas, si ces hommes, qui s'arrogent le titre de penseurs et traitent de songe-creux tous ceux qui s'occupent de la partie purement rationnelle de la science, comprenaient qu'il ne faut

pas entreprendre à la fois deux choses qui ne s'obtiennent pas de la même manière, mais dont chacune demande peut-être un talent particulier, et qu'un même individu ne peut réunir sans se montrer en toutes deux un méchant ouvrier, n'en résulterait-il pas de grands avantages pour l'ensemble de la science ? C'est une question qui ne serait certainement pas indigne d'examen. Mais je me borne ici à demander si la nature de la science n'exige pas qu'on sépare toujours soigneusement la partie empirique de la partie rationnelle, et qu'on place avant la physique proprement dite (la physique empirique) une métaphysique de la nature, et avant l'anthropologie pratique une métaphysique des mœurs, de telle sorte qu'en écartant scrupuleusement tout élément empirique, on sache ce que peut la raison pure dans les deux cas, et à quelles sources elle puise elle-même ce qu'elle apprend *a priori*, que cette dernière tâche soit d'ailleurs entreprise par tous les moralistes dont le nom est légion, ou par ceux-là seulement qui s'y sentent appelés.

[7] N'ayant ici en vue que la philosophie morale, je restreins encore la question, et je demande s'il n'est pas de la plus haute nécessité d'entreprendre une fois une philosophie morale pure, qui serait entièrement dégagée de tout élément empirique et appartenant à l'anthropologie ; car qu'il doive y avoir une telle philosophie, c'est ce qui résulte clairement de l'idée commune du devoir et des lois morales. Tout le monde conviendra qu'une loi, pour avoir une valeur morale, c'est-à-dire pour fonder une obligation, doit être marquée d'un caractère de nécessité absolue ; que ce commandement : « Tu ne dois point mentir » ne vaut pas seulement pour les hommes, comme s'il ne concernait pas les autres êtres raisonnables ; qu'il en est de même de toutes les autres lois morales proprement dites ; que, par conséquent, le principe de l'obligation ne doit pas être cherché dans la nature de l'homme ni dans

les circonstances extérieures où il se trouve placé dans le monde, mais *a priori* seulement dans des concepts de la raison pure, et que tout autre précepte, fondé sur des principes de la seule expérience, fût-il universel en un sens, par cela qu'il s'appuie, si peu que ce soit, même par un seul mobile, sur des fondements empiriques, peut être bien appelé règle pratique, mais jamais loi morale.

[8] Ainsi, les lois morales et leurs principes se distinguent essentiellement, dans l'ensemble de la connaissance pratique, de tout ce qui peut contenir quelque élément empirique, et même toute philosophie morale repose entièrement sur sa partie pure. Appliquée à l'homme, elle n'emprunte pas la moindre chose à la connaissance de l'homme (à l'anthropologie), mais elle lui donne des lois *a priori* en tant qu'il est un être raisonnable. Seulement, il faut un jugement exercé par l'expérience pour discerner, d'une part, dans quels cas ces lois doivent être appliquées, et pour leur procurer, de l'autre, un accès facile auprès de la volonté de l'homme, et une influence efficace sur sa conduite, car il est affecté par tant d'inclinations que, s'il est capable de concevoir l'idée d'une raison pure pratique, il ne lui est pas si facile de la réaliser *in concreto* dans le cours de la vie.

[9] Une métaphysique des mœurs est donc rigoureusement nécessaire, non seulement parce qu'elle répond à un besoin de la spéculation, en recherchant la source des principes pratiques, qui résident *a priori* dans notre raison, mais parce que la moralité même est exposée à toute sorte de corruption, si nous n'avons, pour l'apprécier exactement, ce fil conducteur et cette norme suprême. En effet, pour qu'une action soit moralement bonne, il ne suffit pas qu'elle soit *conforme* à la loi morale, mais il faut qu'elle soit faite *en vue de cette loi* ; autrement il n'y aurait là qu'une conformité très

accidentelle et variable, car si un principe, qui n'est pas moral, produit parfois des actions conformes à la loi, il en produira souvent aussi de contraires. Or, s'il n'y a qu'une philosophie pure qui puisse examiner la loi morale dans toutes sa pureté et sa vérité (ce qui est la chose essentielle dans la pratique), il faut donc commencer par là (par la métaphysique), et sans elle il ne peut pas du tout y avoir de philosophie morale. Celle même qui mêle les principes purs avec les principes empiriques ne mérite pas le nom de philosophie (car la philosophie ne se distingue justement de la connaissance rationnelle vulgaire qu'en faisant une science à part de ce que celle-ci ne conçoit que mélangé), et bien moins encore celui de philosophie morale, puisque précisément, par ce mélange, elle altère la pureté de la moralité même et va contre son propre but.

[10] Il ne faut pas croire d'ailleurs que ce qu'on demande ici se trouve déjà dans la propédeutique que le célèbre Wolf a placée en tête de sa philosophie morale, sous le titre de *Philosophie pratique universelle*, et qu'il n'y ait pas justement à ouvrir ici un champ tout à fait nouveau. Précisément parce qu'il s'agissait d'une philosophie pratique universelle, il n'y examine aucune volonté d'une espèce particulière, par exemple une volonté capable d'être déterminée uniquement par des principes *a priori* indépendamment de tout principe empirique de détermination, et qu'on pourrait appeler volonté pure, mais il y traite de la volonté en général, ainsi que de toutes les actions et de toutes les conditions qui se rapportent à la volonté ainsi considérée. Par conséquent, cette propédeutique se distingue d'une métaphysique des mœurs, comme la logique générale, qui traite des opérations et des règles de la pensée *en général*, se distingue de la philosophie transcendantale, qui étudie simplement les opérations et les règles particulières de la pensée pure

c'est-à-dire de la pensée par laquelle des objets sont connus tout à fait *a priori*. La métaphysique des mœurs, en effet, doit examiner l'idée et les principes d'une volonté *pure* possible, et non les actions et les conditions de la volonté humaine *en général*, lesquelles sont tirées en grande partie de la psychologie. Que dans la philosophie pratique générale on parle aussi (quoiqu'à tort) de lois morales et de devoir, cela ne prouve rien contre mon opinion. Car les auteurs de cette science se montrent en cela même fidèles à l'idée qu'ils s'en font. Ils ne distinguent pas les principes de détermination qui sont comme tels représentés *a priori* par la seule raison, et sont véritablement moraux, d'avec les principes empiriques, que l'entendement érige en concepts généraux simplement par la comparaison des expériences ; mais ils ne sont pas attentifs à la différence de leurs sources et n'en considèrent que leur plus ou moins grand nombre (puisque tous sont de la même espèce à leurs yeux), et ils forment ainsi leur concept d'*obligation*. Ce concept, assurément, n'est rien moins que moral, mais c'est le seul qu'on puisse obtenir dans une philosophie qui néglige l'*origine* de tous les concepts pratiques possibles et ne s'inquiète pas de savoir s'ils sont *a priori* ou seulement *a posteriori*.

[11] Or, ayant dessein de donner plus tard une métaphysique des mœurs, je fais d'abord paraître ces fondements. A la vérité il n'y a pas, à proprement parler, d'autres fondements de la métaphysique des mœurs qu'une *critique de la raison pure pratique,* de même que la critique de la raison pure spéculative, que j'ai déjà publiée, sert de base à la métaphysique. Mais d'abord celle-là n'est pas aussi absolument nécessaire que celle-ci, parce que, dans les choses morales, la raison humaine, même dans l'intelligence la plus commune, peut arriver aisément à un haut degré d'exactitude et de développement, tandis qu'au contraire,

dans son usage théorique mais pur, elle est entièrement dialectique. Et puis, pour que la critique de la raison pure pratique soit complète, il faut qu'on puisse montrer l'unité de la raison pratique avec la raison spéculative en un principe commun, car en définitive il ne peut y avoir qu'une seule et même raison, dont les applications seules sont distinctes. Or je ne pourrais aller si loin sans entrer ici dans des considérations d'un tout autre ordre et sans embrouiller le lecteur. C'est pourquoi, au lieu du titre de *Critique de la raison pure pratique*, je me suis servi de celui de *Fondements de la métaphysique des mœurs*.

[12] Troisièmement enfin, comme une métaphysique des mœurs, quelque effrayant que soit ce titre, peut recevoir aisément une forme populaire et appropriée à l'intelligence commune, il m'a paru bon d'en détacher ce travail préliminaire, où en sont posés les fondements, pour ne pas avoir à ajouter ensuite à des doctrines plus faciles les choses subtiles et les difficultés, inévitables en pareille matière.

[13] Ces fondements ne sont autre chose que la recherche et l'établissement du *principe suprême de la moralité*, travail qui à soi seul, dans son intention, constitue un tout et doit être séparé de toute autre étude morale. Il est vrai que mes assertions sur cette importante question, qui n'a vraiment pas été traitée jusqu'ici d'une manière satisfaisante, recevraient une vive lumière de l'application du principe à tout le système et seraient grandement confirmées par ce caractère de principe suffisant qu'il montre partout ; mais j'ai dû renoncer à cet avantage, qui au fond serait plutôt personnel que général, parce que la facile application d'un principe et le caractère de principe suffisant, qu'il peut avoir en apparence, ne nous donnent pas une preuve entièrement assurée de son exactitude, mais excitent au contraire en nous une

certaine partialité, qui nous empêche de l'examiner sévèrement en lui-même et indépendamment des conséquences.

[14] J'ai suivi dans cet écrit la méthode que j'ai jugée la plus convenable, lorsqu'on veut s'élever analytiquement de la connaissance commune à la détermination du principe suprême sur lequel elle se fonde, et ensuite redescendre synthétiquement de l'examen de ce principe et de ses sources à la connaissance commune, où l'on en trouve l'application. Je le diviserai donc de la manière suivante :

1° *Première section :* Passage de la connaissance morale commune de la raison à la connaissance philosophique.

2° *Seconde section :* Passage de la philosophie morale populaire à la métaphysique des mœurs.

3° *Troisième section :* Dernier pas qui conduit de la métaphysique des mœurs à la critique de la raison pure pratique.

PREMIÈRE SECTION

Passage de la connaissance morale commune de la raison à la connaissance philosophique

[1] De tout ce qu'il est possible de concevoir dans le monde, et même en général en dehors du monde, il n'y a qu'une seule chose qu'on puisse tenir pour bonne sans restriction, c'est une *bonne* volonté. L'intelligence, la finesse, le jugement, et les talents de l'esprit, quelque nom qu'on leur donne, ou le courage, la résolution, la persévérance, comme qualités du *tempérament*, sont sans doute choses bonnes et désirables à beaucoup d'égards ; mais ces dons de la nature peuvent aussi devenir extrêmement mauvais et pernicieux, lorsque la volonté, qui en doit faire usage et dont la disposition propre s'appelle pour cette raison *caractère*, n'est pas bonne. Il en est de même des *dons de la fortune*. Le pouvoir, la richesse, l'honneur, la santé même, tout le bien-être, et ce parfait contentement de son état qu'on appelle le *bonheur*, tout cela nous donne une confiance en nous, qui dégénère même souvent en présomption, lorsqu'il n'y a pas là une bonne volonté pour en redresser l'influence sur l'esprit, par là tout le principe de l'action, et les rendre universellement conformes à des fins. Ajoutez d'ailleurs qu'un spectateur raisonnable et impartial ne peut voir avec satisfaction que tout réussisse toujours à un être que n'orne aucun trait de pure et bonne volonté, et qu'ainsi la bonne volonté semble être la condition indispensable qui nous rend dignes d'être heureux.

[2] Il y a même des qualités qui sont favorables à cette bonne volonté et peuvent rendre son œuvre beaucoup plus facile, mais qui n'ont, malgré cela, aucune valeur intrinsèque absolue, car elles supposent toujours

une bonne volonté, qui restreint l'estime que nous leur accordons justement d'ailleurs, et ne nous permet pas de les tenir pour absolument bonnes. La modération dans les affections et les passions, l'empire de soi et la calme réflexion ne sont pas seulement des qualités bonnes à beaucoup d'égards, mais ces qualités semblent même constituer une partie de la valeur intrinsèque de la personne ; pourtant, il s'en faut de beaucoup qu'on puisse les considérer comme bonnes sans restriction (quoique les Anciens leur aient accordé une valeur inconditionnelle). En effet, sans les principes d'une bonne volonté, elles peuvent devenir mauvaises au plus haut point, et le sang-froid d'un scélérat ne le rend pas seulement beaucoup plus dangereux, mais il nous le fait aussi paraître immédiatement plus méprisable encore.

[3] La bonne volonté ne tire pas sa bonté de ses effets ou de ses résultats, ni de son aptitude à atteindre tel ou tel but proposé, mais seulement du vouloir, c'est-à-dire qu'elle est bonne en soi, et, considérée en elle-même, elle doit être estimée incomparablement supérieure à tout ce qu'on peut exécuter par elle au profit de quelque penchant, ou même de tous les penchants réunis. Quand un sort contraire ou l'avarice d'une nature marâtre priverait cette volonté de tout pouvoir d'exécuter ses desseins, quand ses plus grands efforts n'aboutiraient à rien, et quand il ne resterait que la bonne volonté toute seule (il ne s'agit certes point là d'un simple souhait, mais de l'appel à tous les moyens qui sont en notre pouvoir), elle brillerait encore de son propre éclat, comme un diamant, car elle a en elle-même toute sa valeur. L'utilité ou l'inutilité ne peut rien ajouter ni rien ôter à cette valeur. L'utilité ne peut guère être comparée qu'à une monture qui peut bien servir à faciliter son maniement dans le commerce ordinaire ou à attirer sur lui l'attention de ceux qui ne sont pas assez connaisseurs, mais non à le

recommander aux vrais connaisseurs ni à en déterminer le prix.

[4] Cependant, il y a dans cette idée de la valeur absolue qu'on attribue à la simple volonté, sans tenir aucun compte de l'utilité, quelque chose de si étrange que, encore qu'elle soit parfaitement conforme à la raison commune, on est nécessairement conduit à soupçonner qu'à notre insu elle repose ici simplement sur une illusion transcendante de l'imagination et que nous nous trompons en comprenant ainsi l'intention dans laquelle la nature a soumis notre volonté au gouvernement de la raison. C'est pourquoi nous allons examiner cette idée, en nous plaçant à ce point de vue.

[5] Quand nous considérons la constitution naturelle d'un être organisé, c'est-à-dire d'un être dont la constitution a la vie pour fin, nous posons en principe que dans cet être il n'y a pas d'organe qui ne soit le plus approprié à sa fin. Or si, en donnant à un être la raison et la volonté, la nature n'avait eu pour but propre que la *conservation,* le *bien-être*, en un mot le bonheur de cet être, elle s'y serait bien mal prise, en confiant à la raison de sa créature l'exécution de son dessein. En effet, toutes les actions que cette créature doit faire dans cette intention, toute la règle de sa conduite, l'instinct les lui aurait révélées avec bien plus d'exactitude, et la fin de la nature aurait été bien plus sûrement atteinte par ce moyen qu'elle ne peut jamais l'être par la raison. Ou si la créature la plus favorisée devait recevoir en outre le privilège de la raison, cette faculté n'aurait dû lui servir que pour observer les heureuses dispositions de sa nature, les admirer, s'en réjouir et en rendre grâce à la cause bienfaisante qui les lui aurait données, et non pour soumettre sa faculté de désirer à ce guide faible et trompeur, et se mêler vainement de remplir l'intention de la nature. En un mot, la nature aurait empêché que la raison se tournât

vers un *usage pratique*, et n'eût la présomption (avec sa faible vue) de tracer le plan du bonheur et de déterminer les moyens d'y parvenir. Elle ne nous aurait pas seulement enlevé le choix des fins, mais aussi celui des moyens, et elle aurait confié avec une sage prévoyance l'un et l'autre à l'instinct.

[6] Et dans le fait nous voyons que plus une raison cultivée s'applique à la recherche des jouissances de la vie et du bonheur, moins l'homme est véritablement satisfait. De là naît chez beaucoup, et justement chez ceux qui poussent le plus loin leurs tentatives dans cet usage de la raison, si seulement ils sont assez sincères pour l'avouer, un certain degré de *misologie*, c'est-à-dire de haine de la raison. En effet, après avoir pesé tous les avantages qu'on peut retirer, je ne dis pas seulement de l'invention des arts de luxe commun, mais même des sciences (qui ne leur paraissent être en définitive qu'un luxe de l'entendement), ils trouvent qu'en réalité ils se sont donné plus de peine qu'ils n'ont recueilli de bonheur, et ils finissent par sentir plus d'envie que de mépris pour le commun des hommes, qui s'abandonne davantage à la direction du simple instinct naturel, et n'accorde à la raison que peu d'influence sur sa conduite. Or, loin d'accuser d'humeur morose ou d'ingratitude envers la bonté du gouvernement du monde ceux qui rabaissent si fort et regardent même comme rien les avantages tant célébrés et vantés que la raison devrait nous procurer relativement au bonheur et au contentement de la vie, il faut reconnaître que ce jugement a son principe caché dans cette idée que notre existence a une fin tout autre et beaucoup plus noble, que la raison est spécialement destinée à l'accomplissement de cette fin et non à la poursuite du bonheur, et que l'homme y doit subordonner en grande partie ses fins particulières, comme à une condition suprême.

[7] En effet, si la raison ne suffit pas à diriger sûrement la volonté dans le choix de ses objets et dans la satisfaction de tous nos besoins (qu'elle-même multiplie pour une part), s'il faut reconnaître que cette fin aurait été beaucoup plus sûrement atteinte au moyen d'un instinct naturel inné, et si néanmoins la raison nous a été départie comme une faculté pratique, c'est-à-dire comme une faculté qui doit avoir de l'influence sur la *volonté*, il faut, puisqu'on voit partout ailleurs dans les dispositions de la nature une parfaite appropriation des moyens aux fins, que sa vraie destination soit de produire une volonté *bonne*, non pas comme *moyen* pour quelque fin étrangère, mais *en soi*, ce pour quoi la raison était absolument nécessaire. Cette bonne volonté peut sans doute n'être pas le seul bien, le bien tout entier, mais elle doit être regardée comme le bien suprême et la condition à laquelle doit être subordonné tout autre bien, tout désir même du bonheur. Il n'y a rien là qui ne s'accorde parfaitement avec la sagesse de la nature, si l'on voit que la culture de la raison, exigée par le premier dessein, qui est inconditionnel, restreint de diverses manières et peut même réduire à rien, du moins dans cette vie, la poursuite et la possession du second but qui est toujours conditionnel, le bonheur ; il ne faut pas croire qu'ainsi la nature agisse sans finalité, car la raison, reconnaissant que sa suprême destination pratique est de fonder une bonne volonté, ne peut trouver que dans l'accomplissement de ce dessein la satisfaction qui lui est propre, c'est-à-dire celle que procure, quand on l'atteint, une fin qu'elle seule, je le répète, détermine, cela dût-il même nous porter préjudice dans la poursuite des fins de l'inclination.

[8] Il s'agit donc de développer le concept d'une volonté s'estimant elle-même bonne souverainement et indépendamment de tout dessein ultérieur : ce concept tient toujours le premier rang dans l'estimation com-

plète de la valeur morale de nos actions, et est la condition de tout le reste, et, dans la mesure où il est déjà contenu dans une intelligence naturelle saine, il a moins besoin d'être enseigné qu'expliqué. Pour cela, nous prendrons le concept du devoir, qui contient celui d'une bonne volonté. Il est vrai que le premier implique certaines restrictions et certains obstacles subjectifs ; mais ces restrictions et ces obstacles, loin de cacher le second et de le rendre méconnaissable, le font au contraire ressortir par contraste et le rendent d'autant plus éclatant.

[9] Je laisse ici de côté toutes les actions reconnues d'abord contraires au devoir, quoiqu'elles puissent être utiles dans tel ou tel but ; car pour ces actions il ne peut jamais être question de savoir si elles ont pu être faites *par devoir*, puisqu'elles sont ainsi au contraire opposées au devoir. Je laisse aussi de côté les actions, qui sont réellement conformes au devoir, mais pour lesquelles les hommes n'ont *aucune inclination* immédiate et qu'ils n'accomplissent pourtant que parce qu'ils y sont poussés par une autre inclination ; car il est facile en cette rencontre de distinguer si l'action conforme au devoir est faite *par devoir* ou par intérêt personnel. Cette distinction est beaucoup plus difficile, lorsque l'action est conforme au devoir et qu'en outre le sujet a pour elle une inclination *immédiate*. Par exemple, il est sans doute conforme au devoir qu'un marchand ne surévalue pas sa marchandise auprès d'acheteurs inexpérimentés ; et, dans le commerce courant, le marchand prudent ne le fait jamais, mais il a un prix fixe pour tout le monde, en sorte qu'un enfant peut acheter chez lui tout aussi bien qu'un autre. On est donc *loyalement* servi, mais cela ne suffit pas, et de loin, pour croire que le marchand agit ainsi par devoir et d'après des principes de probité ; son intérêt l'exigeait ; car il ne peut être ici question d'inclination immédiate, et l'on ne peut supposer en lui

une sorte d'amour pour tous ses clients qui l'empêcherait de traiter l'un plus favorablement que l'autre. Voilà donc une action qui n'a été faite ni par devoir, ni par inclination immédiate, mais seulement par intérêt personnel.

[10] Au contraire, c'est un devoir de conserver sa vie et c'est aussi une chose à laquelle chacun est porté par une inclination immédiate. Or c'est précisément ce qui fait que ce soin, souvent si plein d'anxiété, que la plupart des hommes prennent de leur vie, n'a aucune valeur intrinsèque, et que leur maxime à ce sujet n'a aucun caractère moral. Ils conservent leur vie *conformément au devoir* sans doute, mais non pas *par devoir*. Mais que des revers et un chagrin sans espoir ôtent à un homme toute espèce de goût pour la vie ; si ce malheureux, qui a de la force d'âme, plutôt indigné de son sort qu'abattu ou découragé, conserve la vie, sans l'aimer, et tout en souhaitant la mort, et ainsi ne la conserve ni par inclination ni par crainte, mais par devoir, alors sa maxime aura un caractère moral.

[11] Être bienfaisant, lorsqu'on le peut, est un devoir, et, de plus, il y a certaines âmes si naturellement portées à la sympathie que, sans aucun motif de vanité ou d'intérêt, elles trouvent une satisfaction intérieure à répandre la joie autour d'elles, et jouissent du bonheur d'autrui, en tant qu'il est leur ouvrage. Mais je soutiens que dans ce cas l'action, si conforme au devoir, si aimable qu'elle soit, n'a pourtant aucune vraie valeur morale, et qu'elle va de pair avec les autres inclinations, par exemple avec l'ambition, qui, lorsque, par bonheur, elle est conforme à l'intérêt public et au devoir, par conséquent à ce qui est honorable, mérite des éloges et des encouragements, mais non pas notre respect ; car la maxime manque alors du caractère moral, qui veut qu'on agisse par devoir et non par inclination. Supposez maintenant que l'âme d'un tel

ami des hommes soit assombrie par un chagrin personnel qui éteigne toute compassion pour le sort d'autrui, et qu'ayant toujours le pouvoir de faire du bien aux malheureux, sans être touchée par leur malheur, toute absorbée qu'elle est par le sien, elle s'arrache pourtant à cette mortelle insensibilité pour venir à leur secours, quoiqu'elle n'y soit poussée par aucune inclination, mais parce que cela est un devoir, sa conduite alors a une véritable valeur morale. Je dis plus : si le cœur d'un homme n'était naturellement doué que d'un faible degré de sympathie ; si cet homme (honnête d'ailleurs) était froid et indifférent aux souffrances d'autrui, par tempérament, et peut-être aussi parce que, ayant le don particulier de supporter ses propres maux avec courage et patience, il supposerait dans les autres ou exigerait d'eux la même force, si enfin la nature n'avait pas précisément travaillé à faire de cet homme (qui ne serait certainement pas son plus mauvais ouvrage) un philanthrope, ne trouverait-il pas en lui un moyen de se donner à lui-même une valeur bien supérieure à celle que lui donnerait un tempérament compatissant ? Sans aucun doute ! Et c'est ici précisément qu'éclate la valeur morale du caractère, la plus haute de toutes sans comparaison, celle qui vient de ce qu'on fait le bien, non par inclination, mais par devoir.

[12] Assurer son propre bonheur est un devoir du moins indirect, car celui qui est mécontent de son état peut aisément se laisser aller, au milieu des soucis et des besoins qui le tourmentent, à la *tentation de transgresser ses devoirs*. Mais aussi, indépendamment de la considération du devoir, tous les hommes trouvent en eux-mêmes la plus puissante et la plus profonde inclination pour le bonheur, car cette idée du bonheur contient et résume en une somme toutes leurs inclinations. Seulement, le précepte du bonheur a la plupart du temps pour caractère de porter un grand préjudice

à quelques inclinations, et d'ailleurs l'homme ne peut se faire un concept déterminé et certain de cette somme de satisfaction de tous ses penchants qu'il désigne sous le nom de bonheur. Aussi ne faut-il pas s'étonner qu'une seule inclination, qui promet quelque chose de déterminé, et peut être satisfaite à un moment précis, puisse l'emporter sur une idée indécise ; qu'un goutteux, par exemple, puisse préférer jouir de ce qui lui plaît quoi qu'il doive souffrir, et que, d'après sa manière d'évaluer les choses, au moins dans cette circonstance, il ne croie pas devoir sacrifier la jouissance du moment présent à l'espoir, peut-être vain, du bonheur que donne la santé. Mais, quand même le penchant universel au bonheur ne détermineroit pas sa volonté, quand même la santé ne serait pas, pour lui du moins, une chose dont il fût si nécessaire de tenir compte dans ses calculs, il resterait encore, dans ce cas, comme dans tous les autres, une loi, celle qui commande de travailler à son bonheur, non par inclination, mais par devoir, et c'est par là seulement que sa conduite a une vraie valeur morale.

[13] C'est ainsi sans aucun doute qu'il faut entendre les passages de l'Écriture, où il est ordonné d'aimer son prochain, même son ennemi. En effet, l'amour, comme inclination, ne se commande pas, mais faire le bien par devoir, alors même qu'aucune inclination ne nous y pousse, ou qu'une répugnance naturelle et insurmontable nous en éloigne, c'est là un amour *pratique* et non un amour *pathologique*, un amour qui réside dans la volonté et non dans le penchant de la sensibilité, dans des principes de la conduite et non dans une tendre sympathie, et cet amour est le seul qui puisse être commandé.

[14] Ma seconde proposition est qu'une action faite par devoir *ne tire pas* sa valeur morale *du but* qu'elle doit atteindre, mais de la maxime d'après laquelle elle

est décidée ; par conséquent, cette valeur ne dépend pas de la réalité de l'objet de l'action, mais simplement du *principe* d'après lequel la *volonté* se résout à cette action, abstraction faite de tous les objets de la faculté de désirer. Il résulte clairement de ce qui précède que les buts, que nous pouvons nous proposer dans nos actions, et que les effets de ces actions, considérés comme fins et comme mobiles de la volonté, ne peuvent leur donner une valeur absolue et morale. Où donc réside cette valeur, si elle ne doit pas être dans le rapport de la volonté à l'effet attendu ? Elle ne peut être que dans le *principe de la volonté*, considéré indépendamment des fins qui peuvent être atteintes par l'action ; en effet, la volonté est placée entre son principe *a priori*, qui est formel, et son mobile *a posteriori*, qui est matériel, comme au carrefour de deux routes, et, puisqu'elle doit être déterminée, d'une façon ou d'une autre, elle le sera nécessairement par le principe formel du vouloir en général, lorsqu'une action est faite par devoir ; car, dans ce cas, tout principe matériel lui est enlevé.

[15] Des deux propositions précédentes je déduis cette troisième comme conséquence : *le devoir est la nécessité de faire une action par respect pour la loi*. Je puis bien avoir de l'*inclination*, mais jamais du respect pour l'objet qui doit être l'effet de mon action, précisément parce que cet objet n'est qu'un effet et non l'activité d'une volonté. De même, je ne puis avoir du respect pour une inclination en général, qu'elle soit la mienne ou celle d'un autre : je ne puis que l'agréer dans le premier cas et quelquefois même l'aimer dans le second, c'est-à-dire la regarder comme favorable à mon propre intérêt. Il n'y a que ce qui est lié à ma volonté simplement comme principe, mais jamais comme effet, ce qui ne sert pas mon inclination mais l'emporte sur elle, ou du moins exclut entièrement qu'elle fasse pencher la balance dans le choix, il n'y a

par conséquent que la loi, considérée en elle-même, qui puisse être un objet de respect et par là un commandement. Or, si une action faite par devoir exclut nécessairement toute influence des penchants, et par là tout objet de la volonté, il ne reste plus rien pour déterminer la volonté, sinon, objectivement, la *loi*, et, subjectivement, le *pur respect* pour cette loi pratique, par conséquent cette maxime[1] qu'il faut obéir à cette loi, même au préjudice de tous les penchants.

[16] Ainsi la valeur morale de l'action ne réside pas dans l'effet qu'on en attend, ni dans quelque principe d'action qui aurait besoin d'y trouver son mobile : car tous ses effets (le contentement de son état, et même la contribution au bonheur d'autrui) pouvaient aussi être produits par d'autres causes, et il n'y avait donc pas besoin pour cela de la volonté d'un être raisonnable dans laquelle seule peut se trouver le bien suprême et absolu. Par conséquent, *se représenter la loi* en elle-même, *ce que seul assurément peut faire un être raisonnable,* cette représentation, et non l'effet attendu, étant le principe déterminant de la volonté, voilà ce qui seul peut constituer ce bien si éminent, que nous appelons moral, ce bien, qui réside déjà dans la personne même, agissant d'après cette représentation, mais qu'il ne faut d'abord pas attendre de l'effet produit par son action[2].

---

[1]. On appelle maxime le principe subjectif du vouloir ; le principe objectif (c'est-à-dire celui qui servirait aussi subjectivement de principe pratique à tous les êtres raisonnables, si la raison avait toujours une pleine puissance sur la faculté de désirer) est la *loi* pratique.
[2]. On m'objectera peut-être qu'en employant le mot *respect* je me retranche derrière un sentiment obscur, au lieu de résoudre clairement la question par un concept de la raison. Mais, quoique le respect soit un sentiment, ce n'est point un de ces sentiments que nous *recevons* par influence ; il est au contraire *spontanément* produit par un concept de la raison, et il se distingue ainsi spécifiquement de tous les sentiments de la première espèce, qui se rapportent à l'inclination ou à la crainte. Ce que je considère immédiatement comme

[17] Mais quelle peut être enfin cette loi dont la représentation doit déterminer la volonté par elle seule et indépendamment de la considération de l'effet attendu, pour que la volonté puisse être appelée bonne absolument et sans restriction ? Puisque j'ai écarté de la volonté toutes les impulsions qu'elle pourrait trouver dans l'espérance de ce que promettrait l'exécution d'une loi, il ne reste plus que la conformité universelle des actions à la loi en général qui doive lui servir de principe, c'est-à-dire que je dois toujours agir de telle sorte *que je puisse aussi vouloir que ma maxime devienne une loi universelle;* le seul principe qui dirige ici et doive diriger la volonté, si le devoir n'est pas un concept chimérique et en un mot vide de sens, c'est donc cette simple conformité à la loi en général (sans se fonder sur une loi déterminée applicable à certaines actions). La raison humaine commune se montre parfaitement d'accord avec nous sur ce point dans son jugement pratique, et elle a toujours ce principe devant les yeux.

---

une loi pour moi, je le considère avec respect, et ce sentiment ne signifie aucune chose sinon la conscience de la subordination de ma volonté à une loi, indépendamment de toute autre influence sur ma sensibilité. La détermination de la volonté, immédiatement produite par la loi, et la conscience de cette détermination immédiate, c'est ce que j'appelle le *respect*, en sorte que le respect doit être considéré comme l'*effet* de la loi sur le sujet, et non comme la cause de cette loi. Le respect est, à proprement parler, la représentation d'une chose dont la valeur porte préjudice à l'amour de soi. Cette chose ne peut donc être ni un objet d'inclination ni un objet de crainte, quoique le sentiment qu'elle inspire ait quelque analogie avec ces deux sentiments. L'*objet* du respect n'est donc autre que la *loi*, je parle d'une loi que nous nous imposons *à nous-mêmes* et que nous reconnaissons pourtant comme nécessaire en soi. En tant que nous la reconnaissons comme une loi, nous lui sommes soumis sans consulter l'amour de soi ; en tant que nous nous l'imposons à nous-mêmes, elle est une conséquence de notre volonté. Sous le premier rapport, le sentiment qu'elle excite en nous a quelque analogie avec la crainte, sous le second, avec l'inclination. Tout respect que nous avons pour une personne n'est proprement que le respect pour la loi (de la probité, etc.) dont cette personne nous donne l'exemple. Et, comme nous regardons comme un devoir d'étendre nos talents, nous croyons voir dans une personne qui a des talents *l'exemple d'une loi* (qui nous fait un devoir de travailler à lui ressembler), et de là le respect que nous avons pour elle. Ce qu'on appelle *intérêt* moral consiste uniquement dans le *respect* pour la loi.

[18] Soit par exemple la question de savoir si je puis, pour me tirer d'embarras, faire une promesse que je n'ai pas l'intention de tenir. Je distingue ici aisément les deux sens que peut avoir la question. Est-il prudent, ou est-il conforme au devoir de faire une fausse promesse ? Cela peut sans doute être prudent quelquefois. A la vérité, je vois bien que ce n'est pas assez de me tirer, au moyen de ce subterfuge, d'un embarras actuel, mais que je dois examiner si je ne me prépare point, par ce mensonge, des embarras beaucoup plus grands que ceux auxquels j'échappe pour le moment ; et comme, malgré toute la *pénétration* que je m'attribue, les conséquences ne sont pas si faciles à prévoir qu'une confiance mal placée ne puisse me devenir beaucoup plus funeste que tout le mal que je veux éviter maintenant, il faudrait examiner s'il n'est pas *plus prudent* de s'imposer ici une maxime générale, et de se faire une habitude de ne rien promettre qu'avec l'intention de tenir sa promesse. Mais je m'aperçois bientôt qu'une pareille maxime est fondée uniquement sur la crainte des conséquences. Or autre chose est d'être de bonne foi par devoir, autre chose de l'être par crainte des conséquences fâcheuses. Dans le premier cas, le concept de l'action en soi-même renferme déjà pour moi celui d'une loi ; dans le second, il faut avant tout que je cherche ailleurs quels effets en pourront résulter pour moi. Car si je m'écarte du principe du devoir, je ferai très certainement une mauvaise action ; mais si j'abandonne ma maxime de prudence, il se peut que cela me soit très avantageux, quoiqu'il soit plus sûr de la suivre. Maintenant, pour arriver le plus vite et le plus sûrement possible à la solution de la question de savoir s'il est conforme au devoir de faire une promesse trompeuse, je me demande si je verrais avec satisfaction ma maxime (de me tirer d'embarras par une fausse promesse) érigée en une loi universelle (pour moi comme pour les autres) et si je pourrais bien me dire que chacun peut faire une fausse promesse, quand

il se trouve dans un embarras dont il ne peut se tirer autrement. Je reconnais aussitôt que je puis bien vouloir le mensonge, mais que je ne puis pas du tout en faire une loi universelle ; en effet, avec une telle loi, il n'y aurait plus proprement de promesse ; car à quoi me servirait-il d'annoncer mes intentions pour l'avenir à des hommes qui ne croiraient plus à ma parole, ou qui, s'ils y ajoutaient foi légèrement, pourraient bien, revenus de leur erreur, me payer de la même monnaie ? Ainsi, ma maxime ne peut devenir une loi universelle sans se détruire elle-même.

[19] Je n'ai donc pas besoin d'une bien grande pénétration pour savoir ce que j'ai à faire, pour que ma volonté soit moralement bonne. Sans expérience du monde, incapable de prévoir tous les cas qui peuvent se présenter, il me suffit de m'adresser cette question : peux-tu vouloir aussi que ta maxime devienne une loi universelle ? Si je ne le puis, la maxime n'est donc pas admissible, et cela, non parce qu'il en résulterait un dommage pour moi ou même pour d'autres, mais parce qu'elle ne peut entrer comme principe dans une législation universelle possible. Mais la raison arrache immédiatement mon respect pour une telle législation, et, si je n'*aperçois* pas encore maintenant sur quoi elle se fonde (ce que peut rechercher le philosophe), du moins puis-je bien comprendre qu'il y a là pour nos actions l'estimation d'une valeur bien supérieure à celle que peut leur donner l'inclination, et que la nécessité d'agir *uniquement* par respect pour la loi pratique est ce qui constitue le devoir, auquel tout autre motif doit céder, parce qu'il est la condition d'une volonté bonne *en soi*, dont la valeur est au-dessus de tout.

[20] Ainsi donc, en considérant la connaissance morale dans la raison humaine commune, nous nous sommes élevés jusqu'au principe de cette connaissance. Sans doute cette raison ne conçoit pas distinctement

ce principe sous une forme universelle, mais elle l'a toujours réellement devant les yeux, et s'en sert comme d'une règle dans son jugement. On montrerait aisément comment, ce compas à la main, elle sait parfaitement distinguer, dans tous les cas, ce qui est bien et ce qui est mal, ce qui est conforme et ce qui est contraire au devoir, pourvu que, suivant la méthode de *Socrate*, sans rien du tout lui apprendre de nouveau, on appelle son attention sur son propre principe ; et l'on prouverait ainsi qu'il n'y a pas besoin de science et de philosophie pour savoir comment on peut être honnête et bon, et même sage et vertueux. On pouvait bien déjà présumer que la connaissance de ce que chacun est obligé de faire, et, par conséquent, de savoir, est l'affaire de tout homme, même du plus commun. Mais on ne remarquera pourtant pas ici sans admiration combien le jugement pratique l'emporte sur le jugement théorique dans l'intelligence humaine commune. Dans l'ordre théorique, quand la raison commune ose s'écarter des lois de l'expérience et des perceptions sensibles, elle devient manifestement inintelligible et se contredit, ou tout au moins tombe dans un chaos d'incertitude, d'obscurité et d'inconsistance. Dans l'ordre pratique, au contraire, le jugement ne commence à se montrer à son avantage que quand l'entendement commun dégage les lois morales de tous mobiles sensibles. Il y montre même de la subtilité, soit qu'il veuille chicaner avec sa conscience ou avec d'autres prétentions sur ce qu'il doit appeler honnête, soit qu'il veuille déterminer sincèrement, pour sa propre instruction, la valeur des actions ; et, ce qui est le principal, il peut dans ce dernier cas espérer de réussir tout aussi bien que le philosophe. Je dirais presque qu'il marche d'un pas plus sûr que ce dernier, car celui-ci n'a pas un principe de plus que celui-là, et, en outre, une foule de considérations étrangères qui ne touchent pas à la question peuvent aisément égarer son jugement et l'écarter de la bonne direction. Cela étant, ne serait-il pas plus opportun de s'en tenir dans les choses morales au jugement de la raison commune et de ne recourir tout au plus à la philosophie que pour mettre la dernière main au système de la moralité, le rendre plus facile à saisir et en présenter les règles d'une manière plus commode pour l'usage (et surtout pour la discussion), et non pour dépouiller l'intelligence humaine commune, en matière pratique, de son heureuse simplicité, et l'introduire par la philosophie dans une nouvelle carrière de recherches et d'instruction ?

[21]   C'est une belle chose sans doute que l'innocence, mais il est très fâcheux qu'elle ne sache pas bien se défendre et se laisse facilement séduire. C'est pourquoi la sagesse même — qui d'ailleurs consiste beaucoup plus dans la conduite que dans le savoir — a besoin aussi de la science, non pour apprendre d'elle quelque chose, mais pour donner à ses préceptes plus d'autorité et de consistance. L'homme sent en lui-même, dans ses besoins et ses penchants, dont il résume la complète satisfaction sous le nom de bonheur, un puissant contrepoids à tous les commandements du devoir, que sa raison lui présente comme quelque chose de si respectable. La raison cependant ordonne sans transiger avec les inclinations ; avec cela, elle repousse impitoyablement et avec mépris toutes leurs prétentions si tumultueuses, et en apparence si bien fondées qu'aucun commandement ne peut étouffer. Or de là résulte une *dialectique naturelle*, c'est-à-dire un penchant à sophistiquer contre les lois sévères du devoir, à mettre en doute leur valeur, ou du moins leur pureté et leur sévérité et à les accommoder autant que possible à nos désirs et à nos inclinations, c'est-à-dire à les corrompre dans leur source et à leur enlever toute leur dignité, ce que pourtant la raison pratique commune finira toujours par condamner.

[22] Si donc la *raison humaine commune* est poussée à s'élever au-dessus de sa sphère, ce n'est point par un besoin de la spéculation (car elle ne sent pas ce besoin tant qu'elle se contente de rester la saine raison), mais par des motifs pratiques. En effet, elle ne met le pied dans le champ de la *philosophie pratique* que pour y puiser des explications et des éclaircissements sur la source et la vraie détermination de son principe, en opposition aux maximes qui se fondent sur les besoins et les inclinations, afin de pouvoir se tirer d'embarras en présence de prétentions opposées, et de ne pas courir le risque de perdre, dans les équivoques où elle tombe aisément, tous les vrais principes moraux. C'est ainsi que, dans la raison commune pratique, dès qu'elle est cultivée, se forme insensiblement une *dialectique*, qui la force à chercher du secours dans la philosophie, comme cela lui arrive dans son usage théorique, et, dans ce nouveau cas comme dans l'autre, elle ne trouvera de repos que dans une critique complète de notre raison.

DEUXIÈME SECTION

Passage de la philosophie morale populaire à la métaphysique des mœurs

[1] Si jusqu'ici nous avons tiré notre concept du devoir du commun usage de notre raison pratique, il n'en faut pas du tout conclure que nous l'avons traité comme un concept empirique. L'expérience est bien loin de suffire ici : demandez-lui des instructions sur la conduite des hommes, vous aurez à vous plaindre souvent, et, ce semble, légitimement, de ne pouvoir citer un seul exemple certain de l'intention d'agir par devoir ; car, encore que beaucoup d'actions soient *conformes* à ce que le *devoir* ordonne, il reste toujours douteux si elles ont été véritablement faites *par devoir* et ont ainsi une valeur morale. C'est pourquoi il y a eu dans tous les temps des philosophes qui ont absolument nié la réalité de cette intention dans les actions humaines, et tout rapporté à un amour-propre plus ou moins raffiné, sans pourtant révoquer en doute la justesse du concept de la moralité. Ils déploraient profondément au contraire la fragilité et l'impureté de la nature humaine, assez noble certes pour faire d'une idée si digne de respect son précepte, mais aussi trop faible pour le suivre, et regrettaient amèrement qu'elle ne se servît de la raison, dont la destination est de lui donner des lois, qu'au profit de ses penchants, soit pour obtenir ainsi la satisfaction de quelqu'un d'eux en particulier, soit, tout au plus, pour les concilier tous entre eux le mieux possible.

[2] Dans le fait, il est absolument impossible de prouver par l'expérience, avec une entière certitude, l'existence d'un seul cas où la maxime d'une action, d'ailleurs conforme au devoir, a reposé uniquement sur des principes moraux et sur la considération du devoir. A

la vérité, il arrive quelquefois que, malgré le plus scrupuleux examen de nous-mêmes, nous ne découvrons rigoureusement rien qui, hors du principe moral du devoir, aurait pu être assez puissant pour nous porter à telle ou telle bonne action et à un si grand sacrifice : mais nous ne pouvons nullement en conclure avec certitude qu'en réalité quelque secret mouvement de l'amour de soi n'a pas été, sous la fausse apparence de cette idée, la véritable cause déterminante de notre volonté. Nous aimons à nous flatter en nous attribuant faussement un principe de détermination plus noble, et, d'un autre côté, il est impossible, même à l'examen le plus sévère, de pénétrer parfaitement les mobiles secrets de nos actions. Or, quand il s'agit de valeur morale, il n'est pas question des actions, qu'on voit, mais des principes intérieurs de ces actions, qu'on ne voit pas.

[3] C'est pourquoi on ne peut rendre un plus grand service à ceux qui tiennent en dérision toute moralité comme une chimère de l'imagination humaine, s'exaltant par vanité, que de leur accorder que les concepts du devoir doivent être uniquement dérivés de l'expérience (comme d'ailleurs on s'abandonne volontiers à la facilité de croire qu'il en va de même avec tous les autres concepts) ; c'est leur préparer un triomphe certain. Je veux bien admettre, par amour de l'humanité, que la plupart de nos actions sont conformes au devoir ; mais si l'on en examine de plus près le poids et la valeur, on se heurte partout au cher moi, qui toujours paraît et que nous avons en vue dans nos actions, au lieu du commandement sévère du devoir, lequel exige souvent une entière abnégation de soi-même. Un observateur de sang-froid, qui ne prend pas le désir, même le plus vif, de faire le bien pour le bien lui-même, peut, sans être un ennemi de la vertu, douter en certains moments (surtout si l'expérience et l'observation ont, pendant de longues années, exercé et for-

tifié son jugement) qu'il existe réellement dans le monde quelque véritable vertu. Et ici il n'y a qu'une chose qui puisse sauver nos idées du devoir d'une ruine complète, et maintenir dans l'âme le respect que nous devons à cette loi, c'est d'être clairement convaincu que, quand il n'y aurait jamais eu d'action dérivée de telles sources pures, il ne s'agit absolument pas de ce qui a ou n'a pas lieu, mais de ce qui doit avoir lieu, ou de ce que la raison ordonne par elle-même et indépendamment de toutes les circonstances ; qu'ainsi la raison prescrit inflexiblement des actions dont le monde n'a peut-être jusqu'ici fourni aucun exemple, et dont la possibilité de réalisation même peut être très douteuse pour celui qui rapporte tout à l'expérience, et que, par exemple, quand même il n'y aurait pas encore eu jusqu'ici d'ami sincère, la sincérité dans l'amitié n'en serait pas moins obligatoire pour tous les hommes, puisque ce devoir, comme devoir en général, réside, antérieurement à toute expérience, dans l'idée d'une raison qui détermine la volonté par des principes *a priori*.

[4] Si l'on ajoute qu'à moins de soutenir que le concept de la moralité est absolument faux et sans objet, il faut admettre que la loi morale ait une signification si grande qu'elle ne doit pas seulement valoir pour des hommes, mais *pour tous les êtres raisonnables en général*, et qu'elle ne dépend pas simplement de conditions contingentes et ne souffre pas d'exceptions, mais qu'elle est *absolument nécessaire* : il est clair qu'aucune expérience ne peut nous conduire à inférer même la possibilité de telles lois apodictiques. En effet, de quel droit honorer d'un respect sans bornes, comme un précepte universel pour chaque nature raisonnable, ce qui n'a peut-être de valeur que dans les conditions contingentes de l'humanité ? Et comment pourrions-nous considérer les lois de *notre* volonté comme étant celles de la détermination de la volonté d'un être rai-

sonnable en général, et ne les considérer même comme n'étant des lois pour nous qu'à ce titre, si elles étaient purement empiriques, et si elles n'avaient pas une origine tout *a priori* dans la raison pure mais pratique ?

[5] Aussi n'y aurait-il rien de plus funeste à la moralité que de vouloir la tirer d'exemples. En effet, quelque exemple qu'on m'en propose, il faut d'abord que je le juge d'après les principes de la moralité, pour savoir s'il est digne de servir d'exemple original, c'est-à-dire de modèle, mais il ne permet en aucun cas de s'élever jusqu'au concept de la moralité. Même le Saint de l'Évangile ne peut être reconnu pour tel qu'à la condition d'avoir été comparé à notre idéal de perfection morale ; aussi dit-il de lui-même : «Pourquoi m'appelez-vous bon (moi que vous voyez) ? Nul n'est bon (le type du bien) que Dieu seul (que vous ne voyez pas). » Mais d'où avons-nous tiré le concept de Dieu comme souverain bien ? Uniquement de l'*idée* que la raison nous trace *a priori* de la perfection morale et lie inséparablement au concept d'une volonté libre. L'imitation est exclue de la morale, et les exemples ne peuvent servir qu'à encourager, en mettant hors de doute la possibilité de faire ce que la loi ordonne, et en rendant visible ce que la règle pratique exprime d'une manière plus générale, mais ils ne peuvent jamais autoriser de mettre à l'écart leur véritable original, qui réside dans la raison, et servir eux-mêmes de règles.

[6] Si donc il n'y a pas de véritable principe suprême de la moralité qui ne soit indépendant de toute expérience, et qui ne repose uniquement sur la raison pure, je crois qu'il n'est pas nécessaire de demander s'il est bon, lorsqu'on veut donner à la connaissance un caractère philosophique et la distinguer de la connaissance vulgaire, d'exposer ces concepts en général *(in abstracto)* tels qu'ils existent *a priori*, ainsi que les principes qui s'y rattachent. Mais, de nos jours, cette

question pourrait bien être nécessaire. En effet, qu'on recueille les suffrages, pour savoir laquelle doit être préférée, de la connaissance rationnelle pure, dégagée de tout élément empirique, c'est-à-dire de la métaphysique des mœurs, ou de la philosophie pratique populaire, et l'on verra bientôt de quel côté penche la balance.

[7] Il est sans doute louable de descendre jusqu'aux concepts populaires, lorsqu'on s'est d'abord élevé jusqu'aux principes de la raison pure, et qu'on les a mis en pleine lumière. C'est ainsi qu'après avoir *fondé* d'abord la doctrine des mœurs sur la métaphysique, et l'avoir par là solidement établie, on pourrait tenter de la rendre *accessible*, en lui donnant un caractère populaire. Mais il est tout à fait absurde de rechercher ce caractère dans les premiers essais, qui doivent servir à fixer exactement les principes. En procédant ainsi, on ne peut pas même prétendre au mérite extrêmement rare d'une véritable *popularité philosophique*, car il n'y a aucun mérite à se faire comprendre du vulgaire, quand on renonce à toute solidité et à toute profondeur ; et, en outre, on n'aboutit qu'à un misérable mélange d'observations entassées sans discernement et de principes à moitié raisonnables en apparence, dont les têtes légères peuvent bien se repaître, parce qu'elles y trouvent un aliment pour leur bavardage quotidien, mais où les clairvoyants ne trouvent que confusion, et dont ils détournent les yeux avec dégoût, sans pouvoir toutefois y porter remède. Et cependant les philosophes, qui découvrent la fausseté de toutes ces apparences, trouvent peu d'accueil, quand ils demandent à être dispensés, pour quelque temps, de cette prétendue popularité, afin d'acquérir le droit de redevenir populaires, lorsqu'ils auront une fois bien déterminé leurs vues.

[8] Parcourez les traités de morale composés dans ce

goût favori, vous y trouverez tantôt la destination particulière de la nature humaine (avec parfois l'idée d'une nature raisonnable en général), tantôt la perfection, tantôt le bonheur, ici le sentiment moral, là la crainte de Dieu, un peu de ceci, mais aussi un peu de cela, le tout confondu en un merveilleux mélange, sans qu'on s'avise jamais de se demander si les principes de la moralité doivent être cherchés dans la connaissance de la nature humaine (qui pourtant ne s'acquiert que par l'expérience) et, puisqu'il n'en est pas ainsi, puisque ces principes sont tout à fait *a priori*, purs de tout élément empirique, et doivent être cherchés uniquement dans les concepts purs de la raison, et nulle part ailleurs, en quoi que ce soit, sans qu'on songe à faire de cette étude une philosophie pratique pure, ou une métaphysique[1] des mœurs s'il est encore permis de se servir d'un mot si décrié, à la traiter ainsi séparément, et à lui donner toute la perfection dont elle est capable par elle-même, en engageant le public, qui demande quelque chose de populaire, à prendre patience jusqu'à l'achèvement de cette entreprise.

[9] Or une telle métaphysique des mœurs, parfaitement isolée, n'empruntant rien ni à l'anthropologie, ni à la théologie, ni à la physique, ni à l'*hyperphysique*, encore moins à des qualités occultes (qu'on pourrait appeler hypophysiques), n'est pas seulement le substrat indispensable de toute véritable connaissance théorique des devoirs, mais elle est aussi un *desideratum* de la

---

1. On peut, si l'on veut (comme on distingue la mathématique pure de la mathématique appliquée, la logique pure de la logique appliquée), distinguer la philosophie pure (la métaphysique) des mœurs de la philosophie appliquée (c'est-à-dire appliquée à la nature humaine). Cette dénomination a l'avantage de rappeler que les principes moraux ne doivent pas être fondés sur les propriétés de la nature humaine mais exister pour eux-mêmes *a priori*, et que c'est de tels principes qu'il faut pouvoir dériver des règles pratiques, qui s'appliquent à toute nature raisonnable, et aussi, par conséquent, à la nature humaine.

plus haute importance pour la réalisation complète de ce qu'ils prescrivent. En effet, la représentation du devoir et en général de la loi morale, quand elle est pure et dégagée de tout élément étranger, c'est-à-dire de tout attrait sensible, a sur le cœur humain, par la seule vertu de la raison (laquelle reconnaît tout d'abord qu'elle peut être pratique par elle-même), une influence bien supérieure à celle de tous les autres mobiles[1] qu'on peut trouver dans le champ de l'expérience, au point que, dans la conscience de sa dignité, la raison méprise ces mobiles et prépare ainsi peu à peu sa domination. Au lieu de cela, supposez une morale mixte, composée à la fois de mobiles issus de sentiments et d'inclinations et de concepts rationnels, l'esprit flottera entre des motifs, qui, ne pouvant être ramenés à aucun principe, le conduiront peut-être au bien par hasard, mais plus souvent le conduiront au mal.

[10] Il résulte clairement de ce qui précède que tous les concepts moraux sont tout à fait *a priori* et ont leur source et leur siège dans la raison, dans la raison humaine la plus commune, aussi bien que dans la raison la plus exercée par la spéculation : que ces concepts ne peuvent être abstraits d'aucune connais-

---

[1] J'ai une lettre de feu l'excellent Sulzer où il me demande pourquoi les doctrines de la vertu, quelque propres qu'elles paraissent à convaincre la raison, ont pourtant si peu d'influence. Je différai ma réponse, afin de n'y rien laisser à désirer. Mais il n'y a pas d'autre cause de ce fait, sinon que les moralistes eux-mêmes n'ont jamais entrepris de ramener leurs concepts à leur expression la plus pure, et qu'en cherchant de tous côtés, avec la meilleure intention du monde, des motifs au bien moral ils gâtent le remède qu'ils veulent rendre efficace. En effet, l'observation la plus commune prouve que, si on nous présente un acte de probité, pur de toute vue intéressée sur ce monde ou sur un autre, et où il a fallu même lutter contre les rigueurs de la misère ou contre les séductions de la fortune, et, d'un autre côté, une action semblable à la première, mais à laquelle ont concouru, si légèrement que ce soit, des mobiles étrangers, la première laisse bien loin derrière elle et obscurcit la seconde : elle élève l'âme et lui inspire le désir d'en faire autant. Les enfants mêmes, qui atteignent l'âge de raison, éprouvent ce sentiment, et l'on ne devrait jamais leur présenter leurs devoirs d'une autre manière.

sance empirique et, par conséquent, contingente ; que c'est précisément cette pureté d'origine qui leur confère la dignité leur permettant de nous servir de principes pratiques suprêmes ; qu'on ne peut rien y ajouter d'empirique, sans diminuer d'autant leur véritable influence et la valeur absolue des actions ; qu'il n'est pas seulement de la plus grande nécessité sous le rapport théorique, ou pour la pure spéculation, mais aussi de la plus haute importance sous le rapport pratique de puiser ces concepts et ces lois à la source de la raison pure, de les présenter purs et sans mélange, et même de déterminer toute la sphère de cette connaissance pratique rationnelle ou pure, c'est-à-dire toute la puissance de la raison pure pratique ; mais, par là, sans faire comme la philosophie spéculative qui permet et trouve même quelquefois nécessaire de rendre ses principes dépendants de la nature particulière de la raison humaine, il importe au contraire que les lois morales, devant valoir pour tout être raisonnable en général, soient tirées du concept universel d'un être raisonnable, et que, de cette manière, toute la morale, qui, dans son *application* à des hommes, a besoin de l'anthropologie, soit traitée d'abord tout à fait indépendamment de celle-ci, comme une philosophie pure, c'est-à-dire comme une métaphysique, et qu'on l'expose ainsi complètement (ce qui peut se faire aisément dans cette espèce de connaissance tout à fait séparée), sachant bien que quiconque ne sera pas en possession d'une telle science, non seulement essaiera vainement d'établir une appréciation spéculative, exacte et complète, de ce qu'il y a de moral dans le devoir, mais sera même incapable, en ce qui concerne la pratique ordinaire et particulièrement l'enseignement moral, de fonder les mœurs sur leurs véritables principes, de produire ainsi des dispositions morales vraiment pures, et de préparer les cœurs à l'accomplissement du plus grand bien possible dans le monde.

[11] Pour nous élever dans ce travail par une gradation naturelle, non plus seulement du jugement moral commun (qui est ici fort digne d'estime) au jugement philosophique, comme nous l'avons déjà fait, mais d'une philosophie populaire, qui ne va que jusqu'où elle peut se traîner à l'aide des exemples, à la métaphysique (qui ne se laisse arrêter par rien d'empirique, et qui, devant mesurer toute l'étendue du domaine de cette espèce de connaissance rationnelle, s'élève jusqu'aux idées, où les exemples mêmes nous abandonnent), nous suivrons et nous présenterons clairement la puissance pratique de la raison, depuis ses règles universelles de détermination, jusqu'au point où nous en verrons jaillir le concept du devoir.

[12] Toute chose dans la nature agit d'après des lois. Mais il n'y a que les êtres raisonnables qui aient la faculté d'agir d'après la *représentation* des lois, c'est-à-dire d'après des principes, ou qui aient une *volonté*. Puisque la *raison* est indispensable pour dériver les actions de lois, la volonté n'est autre chose que raison pratique. Si, dans un être, la raison détermine inévitablement la volonté, les actions de cet être, qui sont reconnues objectivement nécessaires, le sont aussi subjectivement, c'est-à-dire que sa volonté est la faculté de *ne* choisir *que ce que* la raison, dégagée de l'inclination, regarde comme pratiquement nécessaire, c'est-à-dire comme bon. Mais, si la raison à elle seule ne détermine pas suffisamment la volonté, si celle-ci est soumise en outre à des conditions subjectives (à certains mobiles), qui ne s'accordent pas toujours avec les principes objectifs ; en un mot, si (comme il arrive chez l'homme) la volonté n'est pas *en soi* entièrement conforme à la raison, alors les actions, reconnues objectivement nécessaires, sont subjectivement contingentes, et, pour une telle volonté, une détermination conforme à des lois objectives est une *contrainte* ; c'est-à-dire que le rapport des lois objectives à une

volonté, qui n'est pas absolument bonne, est représenté comme une détermination de la volonté d'un être raisonnable qui obéit certes à des principes de la raison, mais qui n'y est point par sa nature nécessairement fidèle.

[13] La représentation d'un principe objectif en tant que contraignant pour une volonté s'appelle un commandement (de la raison), et la formule du commandement, un *impératif*.

[14] Tous les impératifs sont exprimés par le verbe *devoir*, et désignent ainsi le rapport d'une loi objective de la raison à une volonté, qui, à cause de sa nature subjective, n'est pas nécessairement déterminée par cette loi (une contrainte). Ils disent qu'il serait bon de faire ou d'éviter telle ou telle chose, mais ils le disent à une volonté, qui n'agit pas toujours parce qu'elle se représente son action comme bonne à faire. Or cela est pratiquement *bon*, qui détermine la volonté au moyen des représentations de la raison, par là objectivement, c'est-à-dire par des principes valant pour tout être raisonnable comme tel, et non en vertu de causes subjectives. Ce bien pratique est distinct de l'*agréable*, c'est-à-dire de ce qui n'a pas d'influence sur la volonté comme un principe de la raison, valable pour tous, mais seulement au moyen de la sensation, ou par des causes purement subjectives, qui n'ont de valeur que pour la sensibilité de tel ou tel[1].

---

1. On appelle *inclination* la dépendance de la faculté de désirer par rapport à des sensations, et ainsi l'inclination annonce toujours un *besoin*. On appelle *intérêt* la dépendance d'une volonté, dont les déterminations sont contingentes, par rapport à des principes de la raison. Cet intérêt ne se rencontre donc que dans une volonté dépendante, qui n'est pas toujours d'elle-même conforme à la raison : on ne peut le concevoir dans la volonté divine. Mais aussi la volonté humaine peut *prendre intérêt* à une chose, sans agir pour cela *par intérêt*. Dans le premier cas, il s'agit d'un intérêt pratique que l'on prend à l'action ; dans le second, d'un intérêt *pathologique* qui s'attache à l'objet de

[15] Une volonté parfaitement bonne serait donc soumise aussi bien qu'une autre à des lois objectives (aux lois du bien), mais on ne pourrait par là se la représenter comme *contrainte* à des actions conformes à ces lois, puisque d'elle-même, en vertu de sa nature subjective, elle ne peut être déterminée que par la représentation du bien. Ainsi, pour la volonté *divine* et en général pour une volonté *sainte*, il n'y a point d'impératifs ; le *devoir* n'est pas ici à sa place, puisque le *vouloir* est déjà de lui-même nécessairement en accord avec la loi. Les impératifs ne sont donc que des formules qui expriment le rapport de lois objectives du vouloir en général à l'imperfection subjective de la volonté de tel ou tel être raisonnable, par exemple de la volonté humaine.

[16] Or tous les *impératifs* ordonnent ou *hypothétiquement* ou *catégoriquement*. Les impératifs *hypothétiques* représentent la nécessité pratique d'une action possible comme moyen pour quelque autre chose, qu'on désire (ou du moins qu'il est possible qu'on désire) obtenir. L'impératif *catégorique* serait celui qui représenterait une action comme étant par elle-même, et indépendamment de tout autre but, objectivement nécessaire.

[17] Puisque toute loi pratique représente une action possible comme bonne, et par là comme nécessaire

---

l'action. Le premier montre simplement la dépendance de la volonté par rapport à des principes de la raison considérée en elle-même ; le second, la dépendance de la volonté par rapport à des principes de la raison mise au service de l'inclination, c'est-à-dire en tant qu'elle nous indique seulement la règle pratique qui permet de satisfaire le besoin de notre inclination. Dans le premier cas, c'est l'action même qui nous intéresse, dans le second, ce n'est que l'objet de l'action (en tant qu'il nous est agréable). On a vu dans la première section que, dans une action, faite par devoir, il ne devait pas être question de l'intérêt qui s'attache à l'objet, mais seulement de celui qui s'attache à l'action même et à son principe rationnel (à la loi).

pour un sujet capable d'être pratiquement déterminé par la raison, tous les impératifs sont des formules qui déterminent l'action qui est nécessaire suivant le principe d'une volonté bonne à quelqu'égard. Or, si l'action n'est bonne que comme moyen pour *quelque autre chose*, l'impératif est *hypothétique* ; si elle est représentée comme bonne *en soi*, et, par conséquent, comme devant être nécessairement le principe d'une volonté conforme à la raison, alors l'impératif est *catégorique*.

[18] L'impératif dit donc quelle action possible par moi serait bonne, et il représente la règle pratique en rapport avec une volonté qui ne fait pas immédiatement une chose, parce qu'elle est bonne, soit que le sujet de cette volonté ne sache pas toujours qu'elle est bonne, soit que, le sachant, ses maximes puissent être opposées aux principes objectifs de la raison pratique.

[19] L'impératif hypothétique dit donc seulement que l'action est bonne pour quelque but *possible* ou *réel*. Dans le premier cas, c'est un principe *problématiquement* pratique ; dans le second, *assertoriquement*. L'impératif catégorique, qui présente l'action comme objectivement nécessaire par elle-même et indépendamment de tout autre dessein, c'est-à-dire de toute autre fin, est un principe *apodictiquement* pratique.

[20] On conçoit que tout ce que les forces d'un être raisonnable sont capables de produire puisse devenir une fin pour quelque volonté, et, par conséquent, les principes qui présentent une action comme nécessaire pour arriver à une certaine fin qu'il est possible d'atteindre par ce moyen sont dans le fait infiniment nombreux. Toutes les sciences ont une partie pratique qui se compose de problèmes portant sur la possibilité pour nous d'une fin quelconque, et d'impératifs qui indiquent comment on y peut parvenir. Ceux-ci peuvent donc être appelés en général des impératifs de l'*ha-*

bileté. La question ici n'est pas de savoir si la fin qu'on se propose est raisonnable et bonne, il ne s'agit que de ce qu'il faut faire pour l'atteindre. Les préceptes que suit le médecin, qui veut guérir radicalement son malade, et ceux que suit l'empoisonneur, qui veut tuer son homme à coup sûr, ont pour tous deux une égale valeur, en ce sens qu'ils leur servent également à atteindre parfaitement leur but. Comme on ne sait pas dans la première jeunesse quelles fins l'on pourra avoir à poursuivre dans le cours de la vie, les parents cherchent surtout à faire apprendre toutes sortes de choses à leurs enfants ; ils veulent leur donner de l'*habileté* dans l'usage des moyens pour n'importe quelles fins, ne pouvant pas déterminer s'ils auront jamais à se les proposer, encore que cela soit possible, et ce soin est si grand chez eux qu'ils négligent ordinairement de former et de rectifier le jugement de leurs enfants sur la valeur même des choses qu'ils pourront avoir à se proposer pour fins.

[21] Il y a pourtant *une* fin qu'on peut admettre comme réelle dans tous les êtres raisonnables, en tant qu'êtres dépendants et soumis, comme tels, à des impératifs ; c'est-à-dire une fin dont la poursuite n'est plus une simple *possibilité*, mais dont on peut affirmer avec certitude que tous les hommes la *poursuivent* en vertu d'une nécessité de leur nature ; et cette fin, c'est le *bonheur*. L'impératif hypothétique, qui représente la nécessité pratique de l'action comme moyen pour arriver au bonheur, est *assertorique*. On ne peut le présenter comme nécessaire pour un but incertain et simplement possible, mais pour un but qu'on peut supposer avec certitude et *a priori* dans tous les hommes, parce qu'il est dans leur essence. Or on peut donner le nom de *prudence*[1], en prenant ce mot dans

---

1. Le mot *prudence* a un double sens : tantôt il désigne l'expérience du

son sens le plus étroit, à l'habileté dans le choix des moyens qui peuvent nous conduire au plus grand bien-être. Ainsi l'impératif, qui se rapporte au choix des moyens propres à nous procurer le bonheur, c'est-à-dire le précepte de la prudence, n'est toujours qu'un impératif *hypothétique* ; il n'ordonne pas l'action d'une manière absolue, mais seulement comme un moyen pour un autre but.

[22] Enfin, il y a un impératif qui nous ordonne immédiatement une certaine conduite, sans avoir lui-même pour condition une autre fin relativement à laquelle cette conduite ne serait qu'un moyen. Cet impératif est *catégorique*. Il ne concerne pas la matière de l'action et ce qui en doit résulter, mais la forme et le principe d'où elle résulte elle-même, et ce qu'elle contient d'essentiellement bon réside dans l'intention, quel que soit d'ailleurs le résultat. Cet impératif peut être nommé impératif *de la moralité*.

[23] Il est clair que ces trois espèces de principes contraignent *différemment* notre volonté, et par là différencient le vouloir. Pour rendre sensible cette différence, on ne pourrait, je crois, les désigner dans leur ordre plus exactement qu'en appelant les premiers *règles* de l'habileté ; les seconds, *conseils* de la prudence ; les troisièmes, *commandements (lois)* de la moralité. En effet, seule la loi renferme le concept d'une *nécessité inconditionnelle*, qui est en même temps objective, et dont, par conséquent, la valeur est uni-

---

monde, tantôt la prudence privée. La première est cette habileté qui fait qu'un homme exerce de l'influence sur les autres et se sert d'eux comme de moyens pour ses propres fins. La seconde est le discernement permettant de concilier toutes ces fins pour en tirer l'avantage personnel le plus durable. Cette dernière même est la mesure à laquelle se ramène la valeur de la première, et celui-là serait prudent dans le premier sens, et ne le serait pas dans le second, dont on pourrait dire qu'il est ingénieux et rusé, mais en somme imprudent.

verselle, et les commandements sont des lois auxquelles on doit l'obéissance, c'est-à-dire qu'il faut suivre, même contre son inclination. Le *conseil* contient bien une nécessité, mais qui ne peut valoir que subordonnée à une condition subjective et contingente, selon que tel ou tel homme place son bonheur en telle ou telle chose. L'impératif catégorique, au contraire, n'étant limité par aucune condition, étant absolument, quoique pratiquement, nécessaire, peut être proprement appelé un commandement. On pourrait encore appeler les impératifs de la première espèce *techniques* (se rapportant à l'art) ; ceux de la seconde, *pragmatiques*[1] (se rapportant au bien-être) ; ceux de la troisième enfin, *moraux* (se rapportant à la libre conduite en général, c'est-à-dire aux mœurs).

[24] Maintenant, la question est de savoir comment sont possibles tous ces impératifs. On ne demande point par là comment on peut concevoir l'accomplissement de l'action qu'ordonne l'impératif, mais seulement la contrainte de la volonté qu'il exprime pour une tâche. Il n'est besoin d'aucune explication particulière pour montrer comment est possible un impératif de l'habileté. Qui veut la fin, veut (si la raison exerce une influence décisive sur la conduite) les moyens absolument nécessaires, qui sont en son pouvoir. Cette proposition est, en ce qui concerne le vouloir, analytique; car dans l'acte par lequel je veux un objet, comme mon effet, est déjà impliquée ma causalité, comme causalité d'une cause agissante, c'est-

---

1. Il me semble que le sens propre du mot pragmatique peut être ainsi fort exactement déterminé. En effet, on donne l'éphithète de pragmatique aux sanctions qui ne dérivent pas proprement du droit des États comme lois nécessaires, mais des *précautions* destinées à assurer le bien-être général. Une *histoire* a un caractère pragmatique, quand elle enseigne la prudence, c'est-à-dire quand elle apprend aux nouvelles générations à soigner leurs intérêts mieux ou du moins aussi bien que les générations passées.

à-dire l'emploi des moyens, et l'impératif déduit le concept d'actions nécessaires pour cette fin du concept même de l'acte qui consiste à vouloir cette fin. (Il est vrai que, pour déterminer les moyens qui peuvent conduire au but qu'on se propose, il faut avoir recours à des propositions entièrement synthétiques ; mais ces propositions ne concernent pas le principe, l'acte de la volonté, mais l'objet à réaliser.) Ainsi, par exemple, que, pour diviser, d'après un principe certain, un segment de droite en deux parties égales, il faille, des deux extrémités de ce segment, décrire deux arcs de cercle, c'est là sans doute ce que la mathématique ne nous enseigne que par des propositions synthétiques ; mais que, sachant qu'il n'y a pas d'autre moyen pour produire l'effet qu'on se propose, on veuille ce moyen, si on veut véritablement cet effet, c'est là une proposition analytique ; car me représenter une chose comme un effet que je puis produire d'une certaine manière, et me représenter moi-même, relativement à cette chose, comme agissant de cette manière, c'est tout un.

[25] S'il était aussi facile de donner un concept déterminé du bonheur, les impératifs de la prudence ne différeraient pas de ceux de l'habileté et seraient également analytiques. En effet, on dirait ici comme là que qui veut la fin veut aussi (nécessairement selon la raison) les seuls moyens qui soient en son pouvoir pour y arriver. Mais, par malheur, le concept du bonheur est si indéterminé que, quoique chacun désire être heureux, personne ne peut jamais dire d'une manière déterminée et conséquente ce qu'il souhaite et veut véritablement. La raison en est que, d'un côté, les éléments qui appartiennent au concept du bonheur sont tous empiriques, c'est-à-dire doivent être dérivés de l'expérience, et que, de l'autre, l'idée du bonheur exprime un tout absolu, un maximum de bien-être pour le présent et pour l'avenir. Or il est impossible qu'un être fini, quelque pénétration et quelque puis-

sance qu'on lui suppose, se fasse un concept déterminé de ce qu'il veut ici véritablement. Veut-il la richesse, que de soucis, d'envie et d'embûches ne pourra-t-il pas attirer sur lui ! Veut-il des connaissances et des lumières, peut-être n'acquerra-t-il plus de pénétration que pour trembler à la vue de maux auxquels il n'aurait pas songé sans cela et qu'il ne peut pourtant éviter, ou pour accroître le nombre déjà trop grand de ses désirs, en se créant de nouveaux besoins. Veut-il une longue vie, qui lui assure que ce ne sera pas une longue souffrance ? Veut-il du moins la santé, combien de fois la faiblesse du corps n'a-t-elle pas préservé l'homme d'égarements où l'aurait fait tomber une santé parfaite ? Et ainsi de suite. En un mot, l'homme est incapable de déterminer, d'après quelque principe, avec une entière certitude, ce qui le rendrait véritablement heureux, parce qu'il lui faudrait pour cela l'omniscience. Il est donc impossible d'agir, pour être heureux, d'après des principes déterminés ; on ne peut que suivre des conseils empiriques, par exemple ceux de s'astreindre à un certain régime, ou de faire des économies, ou de se montrer poli, réservé, etc., toutes choses que l'expérience nous montre comme étant en définitive les meilleurs moyens d'assurer notre bien-être. Il suit de là que les impératifs de la prudence, à parler exactement, ne peuvent pas commander, c'est-à-dire qu'ils ne peuvent présenter les actions de façon objective comme pratiquement *nécessaires* ; qu'il faut les regarder plutôt comme des conseils *(consilia)* que comme des commandements *(praecepta)* de la raison ; que chercher à déterminer d'une manière certaine et générale quelle conduite peut assurer le bonheur d'un être raisonnable est un problème entièrement insoluble, et que, par conséquent, il n'y a pas d'impératif qui puisse commander, dans le sens étroit du mot, de faire ce qui rend heureux, puisque le bonheur n'est pas un idéal de la raison, mais un idéal de l'imagination, fondé simplement sur des éléments empiriques, d'où l'on espérerait en vain tirer la détermination d'une conduite propre à assurer la totalité d'une série infinie d'effets. Mais, si l'on suppose que les moyens de parvenir au bonheur peuvent être exactement déterminés, l'impératif de la prudence sera une proposition pratique analytique ; il n'y a pas, en effet, entre l'impératif de l'habileté et celui de la prudence d'autre différence, sinon que dans celui-ci la fin est simplement possible, tandis que dans celui-là elle est donnée. Quoi qu'il en soit, comme ces deux impératifs ne font qu'ordonner les moyens d'arriver à ce qu'on est supposé vouloir comme fin, ils sont tous deux analytiques, en ce sens qu'ils ordonnent à celui qui veut la fin de vouloir les moyens. La possibilité de cette sorte d'impératifs ne présente donc aucune difficulté.

[26] Reste la question de savoir comment l'impératif de la *moralité est possible*. C'est assurément la seule qui ait besoin d'une solution, car cet impératif n'est nullement hypothétique, et la nécessité objective qu'il exprime ne s'appuie sur aucune supposition, comme dans les impératifs hypothétiques. Or il ne faut pas oublier ici qu'on ne peut prouver *par aucun exemple*, par conséquent d'une manière empirique, l'existence d'un impératif de ce genre, et l'on doit s'inquiéter de savoir si tous les exemples qui semblent catégoriques n'en sont pas moins à notre insu hypothétiques. Soit par exemple ce précepte : Tu ne dois pas faire de promesse trompeuse ; je suppose que la nécessité de ce précepte ne soit pas un simple conseil à suivre pour éviter quelque autre mal, comme si l'on disait : Tu ne dois point faire de promesse trompeuse, de peur de perdre ton crédit, si cela devenait public ; mais qu'une action de telle espèce doive être tenue pour mauvaise en soi, et qu'ainsi l'impératif qui l'ordonne soit catégorique, je ne puis pourtant prouver avec certitude par aucun exemple que la volonté est ici uniquement déterminée par la loi, sans qu'aucun autre mobile agisse

sur elle, quoique la chose paraisse être ainsi. En effet, il est toujours possible que la crainte du déshonneur, peut-être aussi une vague appréhension d'autres dangers, exerce une influence secrète sur la volonté. Comment prouver par l'expérience l'absence d'une certaine cause, puisque l'expérience ne nous apprend rien de plus, sinon que nous ne la percevons pas ? Mais, dans ce cas, le prétendu impératif moral, qui, comme tel, semble catégorique et inconditionnel, ne serait dans le fait qu'un précepte pragmatique, qui nous rendrait attentifs à notre intérêt et nous enseignerait uniquement à le prendre en considération.

[27] Il faut donc rechercher *a priori* la possibilité d'un impératif *catégorique*, puisque nous n'avons pas ici l'avantage de pouvoir en trouver la réalité dans l'expérience, et de n'avoir alors qu'à expliquer cette possibilité sans avoir besoin de l'établir. En attendant, on peut remarquer que seul l'impératif catégorique se présente comme une *loi* pratique, tandis que tous les autres ensemble ne peuvent être appelés des lois, mais seulement des *principes* de la volonté. C'est qu'en effet ce qu'il est nécessaire de faire uniquement pour atteindre un but arbitraire peut être considéré en soi comme contingent, et que nous pouvons toujours nous affranchir du précepte en renonçant au but, tandis que le commandement inconditionnel ne laisse pas à la volonté le choix arbitraire de la détermination contraire, et, par conséquent, renferme seul cette nécessité que nous voulons trouver dans une loi.

[28] En second lieu, la difficulté que présente cet impératif catégorique ou loi de la moralité, la difficulté d'en apercevoir la possibilité, est aussi très grande. Cet impératif est une proposition pratique synthétique *a*

priori[1], et si l'on songe combien il est difficile, dans la connaissance théorique, de découvrir la possibilité des propositions de cette espèce, on présumera aisément que, dans la connaissance pratique, la difficulté ne doit pas être moins grande.

[29] Pour la résoudre, cherchons d'abord si peut-être le simple concept d'un impératif catégorique n'en donne pas aussi une formule contenant la proposition qui seule peut être un impératif catégorique. Quant à la question de savoir comment un commandement absolu est possible, elle exige encore, alors même que l'on connaît le sens de ce commandement, un travail particulier et difficile que nous réserverons pour la dernière section.

[30] Quand je conçois en général un impératif *hypothétique*, je ne puis prévoir ce qu'il contiendra, avant de connaître sa condition. Mais quand je conçois un impératif *catégorique*, je sais aussitôt ce qu'il contient. En effet, comme l'impératif ne contient, outre la loi, que la nécessité de cette maxime[2] de se conformer à cette loi, et que cette loi ne renferme aucune condition à laquelle elle soit subordonnée, il ne reste donc autre

---

1. A la volonté, considérée indépendamment de toute condition tirée d'une quelconque inclination, je joins l'action *a priori*, par conséquent nécessairement (bien que ce ne soit qu'objectivement, c'est-à-dire en supposant l'idée d'une raison qui dominerait entièrement toutes les causes subjectives de détermination). C'est donc là une proposition pratique, qui ne dérive pas analytiquement l'acte consistant à vouloir une action d'un autre vouloir déjà supposé (car nous n'avons pas une volonté si parfaite), mais qui le lie immédiatement au concept de la volonté d'un être raisonnable, comme quelque chose qui n'y est pas contenu.
2. La *maxime* est le principe subjectif de l'action, et elle doit être distinguée du *principe objectif*, c'est-à-dire de la loi pratique. La maxime contient la règle pratique que la raison détermine conformément aux conditions du sujet (par conséquent, en beaucoup de cas, conformément à son ignorance ou à ses penchants), et ainsi elle est le principe d'après lequel le sujet *agit*, tandis que la loi est le principe objectif, valable pour tout être raisonnable, le principe d'après lequel chacun d'eux *doit agir*, c'est-à-dire un impératif.

chose que l'universalité d'une loi en général, à laquelle la maxime de l'action doit être conforme, et c'est cette conformité seule que l'impératif nous représente proprement comme nécessaire.

[31] Il n'y a donc qu'un impératif catégorique, et c'est celui-ci : *Agis seulement d'après une maxime telle que tu puisses vouloir en même temps qu'elle devienne une loi universelle.*

[32] Si maintenant de ce seul impératif nous pouvons dériver tous les impératifs du devoir comme de leur principe, alors, sans décider si ce qu'on nomme devoir n'est pas en général un concept vide, nous montrerons du moins ce que nous entendons par là et ce que signifie ce concept.

[33] Comme l'universalité de la loi, d'après laquelle des effets sont produits, constitue ce qu'on nomme proprement *nature* dans le sens le plus général (quant à la forme), c'est-à-dire l'existence des choses, en tant qu'elle est déterminée suivant des lois universelles, l'impératif universel du devoir pourrait encore être formulé de cette manière : *Agis comme si la maxime de ton action devait être érigée par la volonté en loi universelle de la nature.*

[34] Citons maintenant quelques devoirs, en suivant la division ordinaire des devoirs en devoirs envers soi-même et devoirs envers autrui, et, des uns et des autres, en devoirs parfaits et devoirs imparfaits[1].

---

[1]. Je dois faire remarquer que je me réserve de traiter plus tard de la division des devoirs dans une *métaphysique des mœurs*, et que je ne suis ici la division ordinaire que parce qu'elle m'est commode (pour coordonner mes exemples). D'ailleurs, j'entends ici par devoirs parfaits ceux qui ne souffrent aucune exception en faveur de l'inclination, et je n'en admets pas seulement d'extérieurs, mais aussi d'intérieurs, ce qui est contraire à l'acception reçue dans

[35] **1.** Un homme, réduit au désespoir par une suite de malheurs, a pris la vie en dégoût ; mais il est encore assez maître de sa raison pour pouvoir se demander s'il n'est pas contraire au devoir envers soi-même d'attenter à sa vie. Or il cherche si la maxime de son action peut être une loi universelle de la nature. Voici sa maxime : j'admets en principe, pour l'amour de moi-même, que je puis abréger ma vie, dès qu'en la prolongeant j'ai plus de maux à craindre que de plaisirs à espérer. Qu'on se demande si ce principe de l'amour de soi peut devenir une loi universelle de la nature. On verra bientôt qu'une nature qui aurait pour loi de détruire la vie, par ce même penchant dont le but est précisément de la conserver, serait en contradiction avec elle-même, et ainsi ne subsisterait pas comme nature ; d'où il suit que cette maxime ne peut être considérée comme une loi universelle de la nature, et, par conséquent, est tout à fait contraire au principe suprême de tout devoir.

[36] **2.** Un autre est poussé par le besoin à emprunter de l'argent. Il sait bien qu'il ne pourra pas le rendre, mais il sait aussi qu'il ne trouvera pas de prêteur, s'il ne s'engage formellement à payer dans un temps déterminé. Il a envie de faire cette promesse ; mais il a encore assez de conscience pour se demander s'il n'est pas défendu et contraire au devoir de se tirer d'embarras par un tel moyen. Je suppose qu'il se décide néanmoins à prendre ce parti, la maxime de son action se traduirait ainsi : quand je crois avoir besoin d'argent, j'en emprunte en promettant de le rembourser, quoique je sache que je ne le rembourserai jamais. Or ce principe de l'amour de soi ou de l'utilité personnelle est peut-être conforme à tout mon bien-être futur ;

---

l'école, mais je n'ai pas besoin ici de justifier cette opinion, car, qu'on l'admette ou qu'on la rejette, cela ne fait rien pour le but que je me propose.

mais la question ici est de savoir s'il est juste. Je convertis donc cette exigence de l'amour de soi en une loi universelle, et je me demande ce qui arriverait si ma maxime devenait une loi universelle. Je vois aussitôt qu'elle ne pourrait jamais valoir comme loi universelle de la nature sans se contredire et se détruire elle-même. En effet, admettre comme une loi universelle que chacun peut, quand il croit être dans le besoin, promettre ce qui lui plaît, avec l'intention de ne pas tenir sa promesse, ce serait rendre impossible toute promesse et le but qu'on peut se proposer par là, puisque personne n'ajouterait plus foi aux promesses, et qu'on en rirait comme de vaines protestations.

[37] **3.** Un troisième se sent un talent qui, cultivé, pourrait faire de lui un homme utile à divers égards. Mais il se voit dans l'aisance, et il aime mieux s'abandonner aux plaisirs que travailler à développer les heureuses dispositions de sa nature. Cependant, il se demande si sa maxime, de négliger les dispositions qu'il a reçues de la nature, s'accorde aussi bien avec ce qu'on nomme le devoir qu'avec son penchant pour les plaisirs. Or il voit qu'à la vérité une nature, dont cette maxime serait une loi universelle, pourrait encore subsister, bien que les hommes (comme les insulaires de la mer du Sud) laissassent perdre leurs talents, et ne songeassent qu'à passer leur vie dans l'oisiveté, les plaisirs, la propagation de l'espèce, en un mot la jouissance ; mais il lui est impossible de *vouloir* que ce soit là une loi universelle de la nature, ou qu'une telle loi ait été mise en nous par la nature comme un instinct. En effet, en sa qualité d'être raisonnable, il veut nécessairement que toutes ses facultés soient développées, puisqu'elles lui servent et lui ont été données pour toutes sortes de fins possibles.

[38] **4.** Enfin un quatrième à qui tout sourit, mais qui voit des hommes (qu'il pourrait soulager) aux pri-

ses avec l'adversité, se dit à lui-même : Que m'importe ? Que chacun soit aussi heureux qu'il plaît au ciel ou qu'il peut l'être par lui-même, je ne l'empêcherai en rien ; je ne lui porterai pas même envie ; seulement je ne suis pas disposé à contribuer à son bien-être et à lui prêter secours dans le besoin ! Sans doute cette manière de voir pourrait être une loi universelle de la nature sans que l'existence du genre humain fût compromise, et cet ordre de choses vaudrait encore mieux que celui où chacun a sans cesse à la bouche les mots de compassion et de sympathie, et trouve même du plaisir à pratiquer ces vertus à l'occasion, mais, en revanche, trompe quand il le peut, et vend le droit des hommes ou du moins y porte atteinte. Mais, quoiqu'il ne soit pas impossible de concevoir que cette maxime puisse être une loi universelle de la nature, il est impossible de vouloir qu'un tel principe soit partout admis comme une loi de la nature. Une volonté qui le voudrait se contredirait elle-même, car il peut se rencontrer bien des cas où l'on ait besoin de la sympathie et de l'assistance des autres, et où l'on se serait privé soi-même de tout espoir d'obtenir les secours qu'on désirerait, en érigeant volontairement cette maxime en une loi de la nature.

[39]   Voilà quelques-uns des nombreux devoirs réels, ou du moins tenus pour tels, dont la division ressort clairement du principe unique que nous avons indiqué. Il faut que nous puissions *vouloir* que la maxime de notre action soit une loi universelle ; c'est là le canon de l'appréciation morale des actions en général. Il y a des actions dont le caractère est tel qu'on n'en peut concevoir la maxime sans contradiction comme une loi universelle de la nature, tant s'en faut qu'on puisse *vouloir* qu'une telle loi existe *nécessairement*. Il y en a d'autres où l'on ne trouve pas à la vérité cette impossibilité intérieure, mais qui pourtant sont telles qu'il est impossible de *vouloir* donner à leur maxime

l'universalité d'une loi de la nature, parce qu'une telle volonté serait en contradiction avec elle-même. On voit aisément que les premières sont contraires au devoir strict ou étroit (rigoureux), les secondes au devoir large (méritoire), et les exemples que nous avons donnés montrent parfaitement comment tous les devoirs, considérés dans l'espèce d'obligation qu'ils imposent (et non dans l'objet de l'action), dépendent d'un principe unique.

[40] Faisons attention à ce qui se passe en nous chaque fois que nous transgressons un devoir. En réalité, nous ne voulons pas faire de notre maxime une loi universelle, car cela nous est impossible ; nous voulons bien plutôt que le contraire de cette maxime reste une loi universelle ; seulement nous prenons la liberté d'y faire une *exception* en notre faveur ou en faveur de nos penchants (et pour cette fois seulement). Par conséquent, si nous examinions les choses d'un seul et même point de vue, c'est-à-dire du point de vue de la raison, nous trouverions une contradiction dans notre propre volonté, puisque, tout en voulant qu'un certain principe soit objectivement nécessaire comme loi universelle, nous voulons que subjectivement ce principe cesse d'être universel, et qu'il souffre des exceptions en notre faveur. Mais, comme nous envisageons notre action du point de vue d'une volonté entièrement conforme à la raison, et, en même temps, de celui d'une volonté affectée par l'inclination, il n'y a point ici de contradiction réelle, mais seulement une résistance de l'inclination à la prescription de la raison, résistance *(antagonismus)* qui convertit l'universalité du principe *(universalitas)* en une simple généralité *(generalitas)*, et qui fait que le principe pratique rationnel et la maxime se rencontrent à moitié chemin. Or, quoique notre propre jugement, quand il est impartial, ne puisse justifier cette espèce de compromis, on y voit néanmoins la preuve que nous reconnaissons réellement la

validité de l'impératif catégorique, et que (sans cesser de le respecter) nous nous permettons à regret quelques exceptions, qui nous semblent de peu d'importance et qui nous sont extorquées.

[41] Nous avons donc au moins réussi à prouver que, si le concept du devoir n'est pas vide de sens, s'il renferme réellement une législation pour nos actions, cette législation ne peut être exprimée que par des impératifs catégoriques et nullement par des impératifs hypothétiques ; en même temps nous avons (ce qui est déjà beaucoup) montré clairement et déterminé dans toutes ses applications le contenu de l'impératif catégorique qui doit renfermer le principe de tous les devoirs, s'il y a réellement des devoirs. Mais il nous reste toujours à prouver *a priori* que cet impératif existe réellement, qu'il y a une loi pratique qui commande par elle-même absolument et sans le secours d'aucun mobile, et que l'observation de cette loi est un devoir.

[42] Pour y parvenir, il est de la plus haute importance de ne pas oublier qu'il serait absurde de vouloir dériver la réalité de ce principe de la *constitution particulière de la nature humaine*. En effet, le devoir doit être une nécessité pratique inconditionnée de l'action ; il doit donc valoir pour tous les êtres raisonnables (auxquels seuls peut s'appliquer en général un impératif), et c'est *à ce titre seul* qu'il est aussi une loi pour toute volonté humaine. Au contraire, tout ce qui dérive des dispositions particulières de la nature humaine, de certains sentiments et de certains penchants, et même, s'il est possible, d'une direction particulière qui serait propre à la raison humaine et n'aurait pas nécessairement la même valeur pour la volonté de tout être raisonnable, tout cela peut bien nous fournir une maxime mais non pas une loi, un principe subjectif d'après lequel nous aurions du penchant et de l'incli-

nation à agir d'une certaine manière, mais non pas un principe objectif d'après lequel nous serions tenus de faire une certaine action, alors même que nos penchants, nos inclinations et toutes les dispositions de notre nature s'y opposeraient. Telle est même la sublimité, la dignité du commandement contenu dans le devoir, qu'elle paraît d'autant plus qu'il trouve moins d'auxiliaires dans les mobiles subjectifs ou qu'il y rencontre plus d'obstacles, car ces obstacles n'affaiblissent en rien la nécessité imposée par la loi et n'ôtent rien à sa valeur.

[43] La philosophie se trouve ici dans cette position difficile, que, cherchant un point d'appui solide, elle ne peut le prendre ni dans le ciel ni sur la terre. Il faut qu'elle montre toute sa pureté en portant elle-même ses lois, et non en se faisant le héraut de celles que suggère un sens naturel ou je ne sais quelle nature tutélaire. Celles-ci valent mieux que rien sans doute, mais elles ne sauraient remplacer ces principes que dicte la raison, et qui doivent avoir une origine tout à fait *a priori*, car c'est de là seulement qu'ils peuvent tenir ce caractère impératif qu'ils font paraître, en ne demandant rien à l'inclination de l'homme, mais en attendant tout de la suprématie de la loi et du respect qui lui est dû, ou en condamnant l'homme, qui s'en écarte, au mépris et à l'horreur de lui-même.

[44] Ainsi, tout élément empirique ajouté au principe de la moralité, loin de le fortifier, trouble entièrement la pureté des mœurs ; car ce qui fait la vraie et inappréciable valeur d'une volonté absolument bonne, c'est précisément que son principe d'action est indépendant de toutes les influences des principes contingents que peut fournir l'expérience. On ne saurait trop et trop souvent prémunir l'homme contre cette faiblesse ou cette basse façon de penser qui lui fait chercher le principe de la moralité parmi des mobiles et des lois

empiriques, car la raison humaine se repose volontiers de ses fatigues sur cet oreiller, et, se berçant de douces illusions (où, au lieu de Junon, elle n'embrasse qu'un nuage), elle substitue à la moralité un bâtard assemblage de membres d'origines diverses, qui ressemble à tout ce qu'on veut, excepté à la vertu, pour celui qui l'a une fois envisagée dans sa véritable forme[1].

[45] La question est donc celle-ci : est-ce une loi nécessaire *pour tous les êtres raisonnables* de juger toujours leurs actions d'après des maximes dont ils puissent vouloir qu'elles servent de lois universelles ? S'il y a une telle loi, elle doit être déjà liée (tout à fait *a priori*) au concept de la volonté d'un être raisonnable en général. Pour découvrir ce lien, il faut, bon gré mal gré, faire un pas dans la métaphysique, mais dans une partie de la métaphysique différente de la philosophie spéculative, c'est-à-dire dans la métaphysique des mœurs. Comme, dans cette philosophie pratique, il ne s'agit pas de poser les principes de ce qui arrive, mais les lois de ce qui doit arriver, quand même cela n'arriverait jamais, c'est-à-dire des lois objectivement pratiques, nous n'avons pas besoin de rechercher pourquoi ceci ou cela plaît ou déplaît, comment le plaisir que cause la pure sensation est distinct du goût, et si celui-ci est autre chose qu'une satisfaction universelle de la raison ; sur quoi repose le sentiment du plaisir et de la peine ; comment de ce sentiment naissent les désirs et les inclinations, et comment ces désirs et ces inclinations donnent lieu, avec le concours de la raison, à des maximes ; car tout cela rentre dans la doctrine

---

1. Envisager la vertu dans sa véritable forme, ce n'est pas autre chose que contempler la moralité dégagée de tout mélange de choses sensibles, et dépouillée du faux ornement que peut lui prêter l'espoir de la récompense ou l'amour de soi. Combien alors elle obscurcit tout ce qui paraît attrayant à nos penchants ! C'est ce que sentira aisément quiconque n'a pas une raison incapable de toute abstraction.

empirique de l'âme, dont on pourrait former la seconde partie de la doctrine de la nature, en considérant celle-ci comme une *philosophie de la nature*, fondée sur des lois empiriques. Mais il s'agit ici d'une loi objectivement pratique, par conséquent du rapport de la volonté avec elle-même, en tant qu'elle se détermine uniquement par la raison ; tout ce qui se rapporte à quelque chose d'empirique tombe de soi-même, puisque, si la *raison* détermine la conduite par elle seule (et c'est précisément ce dont nous avons maintenant à rechercher la possibilité), elle doit nécessairement le faire *a priori*.

[46] On conçoit la volonté comme une faculté de se déterminer soi-même à agir *conformément à la représentation de certaines lois*. Une telle faculté ne peut se rencontrer que dans des êtres raisonnables. Or ce qui sert de principe objectif à la volonté, qui se détermine elle-même, est la *fin*, et, quand cette fin est donnée par la raison seule, elle doit avoir la même valeur pour tous les êtres raisonnables. Au contraire, ce qui ne contient que le principe de la possibilité de l'action, dont l'effet est le but même qu'on se propose, s'appelle le *moyen*. Le principe subjectif du désir est le *mobile* ; le principe objectif du vouloir, le *motif* ; de là la distinction des fins subjectives, qui reposent sur des mobiles, et des fins objectives, qui se rapportent à des motifs, ayant la même valeur pour tous les êtres raisonnables. Les principes pratiques sont *formels*, quand ils font abstraction de toute fin subjective ; *matériels*, quand ils reposent sur des fins subjectives, par conséquent sur certains mobiles. Les fins qu'un être raisonnable se propose à son gré comme *effets* de son action (les fins matérielles) ne sont jamais que relatives ; car elles ne tirent leur valeur que de leur rapport à la nature particulière de la faculté de désirer du sujet, et, par conséquent, elles ne peuvent fournir des principes universels et nécessaires pour tout être raisonnable et

pour tout vouloir, c'est-à-dire des lois pratiques. Aussi toutes ces fins relatives ne fondent-elles jamais que des impératifs hypothétiques.

[47] Mais, s'il y a quelque chose dont l'*existence* ait *en soi* une valeur absolue, et qui, comme *fin en soi*, puisse être le fondement de lois déterminées, c'est là et là seulement qu'il faut chercher le fondement d'un impératif catégorique possible, c'est-à-dire d'une loi pratique.

[48] Or je dis que l'homme, et en général tout être raisonnable, *existe* comme fin en soi, et *non pas simplement comme moyen* pour l'usage arbitraire de telle ou telle volonté, et que dans toutes ses actions, soit qu'elles ne regardent que lui-même, soit qu'elles regardent aussi d'autres êtres raisonnables, il doit toujours être considéré *en même temps comme fin*. Tous les objets des inclinations n'ont qu'une valeur conditionnelle ; car si les inclinations et les besoins qui en dérivent n'existaient pas, leur objet serait sans valeur. Mais les inclinations mêmes, sources de nos besoins, ont si peu une valeur absolue qui les fasse désirer pour elles-mêmes que tous les êtres raisonnables doivent souhaiter d'en être entièrement délivrés. Ainsi, la valeur de tous les objets, que nous pouvons *nous procurer* par nos actions, est toujours conditionnelle. Les êtres dont l'existence ne dépend pas de notre volonté, mais de la nature, n'ont aussi, si ce sont des êtres privés de raison, qu'une valeur relative, celle des moyens, et c'est pourquoi on les appelle des choses, tandis qu'au contraire on donne le nom de *personnes* aux êtres raisonnables, parce que leur nature même en fait des fins en soi, c'est-à-dire quelque chose qui ne doit pas être employé simplement comme moyen, et qui, par conséquent, restreint d'autant l'arbitre de chacun (et lui est un objet de respect). Les êtres raisonnables ne sont pas en effet simplement des fins subjectives, dont

l'existence a une valeur *pour nous*, comme effet de notre action, mais ce sont des fins objectives, c'est-à-dire des choses dont l'existence est par elle-même une fin, et une fin qu'on ne peut subordonner à aucune autre, par rapport à laquelle elle *ne* serait *qu'*un moyen. Autrement rien n'aurait une valeur *absolue*. Mais si toute valeur était conditionnelle, et, par conséquent, contingente, il n'y aurait plus pour la raison de principe pratique suprême.

[49] Si donc il y a un principe pratique suprême, et si, pour considérer ce principe dans son application à la volonté humaine, il y a un impératif catégorique, il doit être fondé sur la représentation de ce qui, étant une *fin en soi*, l'est aussi nécessairement pour chacun, car c'est là ce qui en peut faire un principe *objectif* de la volonté, et, par conséquent, une loi pratique universelle. *La nature raisonnable existe comme fin en soi,* voilà le fondement de ce principe. L'homme se représente nécessairement ainsi sa propre existence, et, en ce sens, ce principe est pour lui un principe *subjectif* d'action. Mais tout autre être raisonnable se représente aussi son existence de la même manière que moi[1], et, par conséquent, ce principe est en même temps un principe *objectif*, d'où l'on doit pouvoir déduire, comme d'un principe pratique suprême, toutes les lois de la volonté. L'impératif pratique sera donc le suivant : *Agis de telle sorte que tu traites l'humanité, aussi bien dans ta personne que dans la personne d'autrui, toujours en même temps comme fin, jamais simplement comme moyen.*

[50] Appliquons cette nouvelle formule aux exemples déjà employés :

---

1. Je n'avance ici cette proposition que comme postulat. On en trouvera les raisons dans la dernière section.

1. Quant au devoir nécessaire envers soi-même, que celui qui médite le suicide se demande si son action peut s'accorder avec l'idée de l'humanité, conçue comme *fin en soi*. En se détruisant lui-même, pour échapper à un état pénible, il use de sa personne comme d'*un moyen* destiné à entretenir en lui un état supportable jusqu'à la fin de la vie. Mais l'homme n'est pas une chose, c'est-à-dire un objet dont on puisse user *simplement* comme d'un moyen ; il faut toujours le considérer dans toutes ses actions comme fin en soi. Je ne puis donc disposer en rien de l'homme en ma personne, le mutiler, le dégrader ou le tuer. (Pour éviter ici tout malentendu, il faudrait préciser ce principe, par exemple dans le cas où, pour me sauver, je consens à me laisser amputer un membre, et dans tous les cas où, pour conserver ma vie, j'expose ma vie à un danger ; mais cela rentre dans la morale proprement dite.)

[51] **2.** Quant au devoir nécessaire ou strict envers autrui, celui qui est tenté de faire une promesse trompeuse reconnaîtra aussitôt qu'il veut se servir d'un autre homme simplement *comme moyen*, comme si cet homme ne contenait pas en soi, en même temps, une fin. Car celui que je veux, par cette promesse, faire servir à mes desseins ne peut approuver ma manière d'agir envers lui, ni, par conséquent, contenir lui-même la fin de cette action. Cette violation du principe de l'humanité dans les autres hommes est encore plus manifeste, quand on tire ses exemples d'atteintes à la liberté ou à la propriété d'autrui. Là, en effet, on voit clairement que celui qui viole les droits des hommes est résolu à ne se servir de leur personne que comme d'un moyen, sans prendre garde que, en leur qualité d'êtres raisonnables, il faut toujours les considérer aussi comme des fins, c'est-à-dire seulement comme

des êtres qui doivent pouvoir contenir eux-mêmes la fin de cette même action[1].

[52] **3.** Quant au devoir contingent (méritoire) envers soi-même, il ne suffit pas que notre action ne soit pas en contradiction avec l'humanité dans notre personne, conçue comme fin en soi, il faut encore qu'elle *s'accorde avec elle*. Or, il y a dans l'humanité des dispositions à une perfection plus grande, qui se rattachent à la fin de la nature à l'égard de l'humanité qui est en nous comme sujets ; négliger ces dispositions n'est pas contraire sans doute à la *conservation* de l'humanité comme fin en soi, mais à l'*accomplissement* de cette fin.

[53] **4.** Quant au devoir méritoire envers autrui, la fin de la nature chez tous les hommes est leur bonheur personnel. Or l'humanité pourrait, il est vrai, subsister, alors même que personne ne contribuerait en rien au bonheur d'autrui, pourvu qu'on s'abstînt aussi d'y porter atteinte délibérément ; mais, si chacun ne contribuait, autant qu'il est en lui, à l'accomplissement des fins d'autrui, cette conduite ne pourrait s'accorder que négativement, et non positivement, avec *l'humanité comme fin en soi*. Car si le sujet est fin en soi, il faut pour que cette représentation ait en moi *tout* son effet, que les fins de ce sujet soient aussi *les miennes*, autant que possible.

---

1. Qu'on ne croie pas que ce précepte trivial : *Quod tibi non vis fieri,* etc., puisse servir ici de règle ou de principe, car il est lui-même dérivé de celui que nous venons d'indiquer, et encore avec diverses restrictions. On ne peut le regarder comme une loi universelle, puisqu'il ne contient le principe ni des devoirs envers soi-même, ni des devoirs de bienfaisance envers autrui (car il y a bien des gens qui renonceraient volontiers à la bienfaisance des autres, pour être dispensés à leur tour de leur en témoigner), ni enfin des devoirs stricts des hommes les uns envers les autres, car un criminel pourrait tirer un argument de ce principe contre le juge qui le punirait, etc.

[54] Ce principe qui nous fait concevoir l'humanité et en général toute nature raisonnable comme *fin en soi* (et qui limite à cette condition suprême la liberté d'action de tous les hommes) n'est pas dérivé de l'expérience ; car, premièrement, il est universel, puisqu'il s'étend à tous les êtres raisonnables en général, ce qu'aucune expérience ne peut faire ; secondement, il ne nous fait pas concevoir l'humanité comme une fin humaine subjective, c'est-à-dire comme un objet dont on se fait réellement de soi-même une fin, mais comme une fin objective, à laquelle doivent être subordonnées toutes les fins subjectives, quelles qu'elles puissent être, comme à leur loi ou à leur suprême condition, et qui, par conséquent, doit dériver de la raison pure. Le principe de toute législation pratique réside *objectivement* dans la règle ou dans la forme universelle qui (d'après le premier principe) lui donne le caractère de loi (de loi de la nature), et *subjectivement*, dans la *fin*. Or le sujet de toutes les fins, c'est (d'après le second principe) l'être raisonnable, comme fin en soi. De là le troisième principe pratique de la volonté, comme condition suprême de sa conformité avec la raison pratique universelle : à savoir l'idée de la *volonté de tout être raisonnable comme législatrice universelle*.

[55] D'après ce principe, il faut rejeter toutes les maximes qui ne peuvent s'accorder avec la législation universelle propre à la volonté. La volonté ne doit donc pas être considérée simplement comme soumise à une loi, mais *comme se donnant à elle-même la loi*, à laquelle elle est soumise, et comme n'y étant soumise qu'à ce titre même (à ce titre qu'elle peut s'en regarder elle-même comme l'auteur).

[56] Les impératifs que nous avions précédemment exposés, à savoir celui qui exige de toutes nos actions une conformité à des lois qu'on puisse considérer comme constituant un *ordre naturel*, ou celui qui veut

que l'être raisonnable ait universellement par lui-même le *rang de fin*, ces impératifs, étant conçus comme catégoriques, excluaient par là même du principe de leur autorité tout mobile tiré d'un intérêt quelconque, mais nous ne les avions *admis* comme des impératifs catégoriques que parce qu'il fallait admettre les impératifs de cette espèce pour pouvoir expliquer le concept du devoir. Quant à démontrer l'existence de principes pratiques qui commandent catégoriquement, c'est ce que nous ne pouvons faire directement, et nous ne pouvons même l'entreprendre en général dans cette section ; mais il y avait pourtant encore une chose possible, c'était de faire que l'exclusion de tout intérêt dans une volonté agissant par devoir, en tant que caractère qui distingue spécifiquement l'impératif catégorique de l'impératif hypothétique, fût indiquée dans l'impératif même, par quelque détermination de cet impératif ; or, c'est ce que nous faisons dans cette troisième formule du principe, qui présente l'idée de la volonté de tout être raisonnable comme une *législatrice universelle*.

[57] En effet, si une volonté que nous concevons comme *soumise à des lois* peut être attachée à ces lois par quelque intérêt, une volonté qui se donne à elle-même sa suprême législation ne peut en cela dépendre d'aucun intérêt, puisqu'alors elle aurait elle-même besoin d'une autre loi qui subordonnât l'intérêt de l'amour de soi à cette condition qu'il pût servir de loi universelle.

[58] Ainsi ce *principe* qui présente toute volonté humaine comme *constituant par toutes ses maximes une législation universelle*[1], si l'exactitude en était d'ail-

---

1. Je puis me dispenser de citer des exemples pour expliquer ce principe, car

leurs bien établie, *s'appliquerait parfaitement* à l'impératif catégorique, en ce sens que, renfermant l'idée d'une législation universelle, il ne peut *se fonder sur aucun intérêt*, et qu'ainsi, parmi tous les impératifs possibles, il peut seul être *inconditionné*. Ou mieux encore, en retournant la proposition, on peut dire : s'il y a un impératif catégorique (c'est-à-dire une loi qui s'impose à la volonté de tout être raisonnable), il ne peut que commander d'agir toujours suivant la maxime d'une volonté qui n'aurait d'autre objet qu'elle-même, en tant qu'elle se considérerait comme législatrice universelle ; car c'est à cette seule condition que le principe pratique et l'impératif, auquel il obéit, sont inconditionnés, puisqu'alors ils ne peuvent se fonder sur aucun intérêt.

[59] Il n'est plus étonnant que toutes les tentatives, faites jusqu'ici pour découvrir le principe de la moralité, aient dû échouer. Si l'on voyait l'homme lié par son devoir à des lois, on ne voyait pas qu'il *n*'est soumis *qu*'à une *législation* qui lui est *propre*, mais qui est pourtant universelle, et qu'il n'est obligé d'agir que d'après sa propre volonté, mais sa volonté constituant une législation universelle, conformément à sa destination naturelle. En effet, si l'on se bornait à concevoir l'homme soumis à une loi (quelle qu'elle fût), il faudrait admettre en même temps un attrait ou une contrainte extérieure, en un mot un intérêt qui l'attachât à l'exécution de cette loi, puisque, ne dérivant pas comme la loi de *sa* volonté, elle aurait besoin de *quelque autre chose* pour le forcer à agir d'une certaine manière. C'est cette conséquence nécessaire qui rendait absolument vaine toute recherche d'un principe suprême du devoir. Car on ne trouvait jamais

---

tous ceux qui ont servi à expliquer l'impératif catégorique et ses formules peuvent ici servir au même but.

le devoir, mais seulement la nécessité d'agir dans un certain intérêt. Que cet intérêt fût personnel ou étranger, l'impératif était toujours conditionnel et ne pouvait avoir la valeur d'un principe moral. J'appellerai donc ce dernier le principe de l'*autonomie* de la volonté, pour le distinguer de tous les autres, que je rapporte à l'*hétéronomie*.

[60] Le concept d'après lequel tout être raisonnable doit se considérer comme constituant, par toutes les maximes de sa volonté, une législation universelle, pour se juger lui-même et juger ses actions de ce point de vue, ce concept conduit à un autre qui s'y rattache et qui est très fécond, à savoir au concept d'*un règne des fins*.

[61] J'entends par *règne* la liaison systématique de divers êtres raisonnables réunis par des lois communes. Or, comme des lois donnent aux fins une valeur universelle, si l'on fait abstraction de la différence personnelle des êtres raisonnables et de tout ce que contiennent leurs fins particulières, on pourra concevoir un ensemble systématique de toutes les fins (des êtres raisonnables considérés comme fins en soi, comme aussi des fins particulières que chacun peut se proposer à lui-même), c'est-à-dire un règne des fins. Cela est conforme aux principes établis précédemment.

[62] En effet, tous les êtres raisonnables sont soumis à cette *loi* de ne jamais se traiter, eux-mêmes ou les uns les autres, *simplement comme moyens,* mais de toujours se respecter en même temps comme *des fins en soi*. De là résulte une liaison systématique d'êtres raisonnables réunis par des lois objectives communes, c'est-à-dire un règne (qui n'est à la vérité qu'un idéal), qu'on peut appeler un règne des fins, puisque ces lois ont précisément pour but d'établir entre ces êtres un rapport réciproque de fins et moyens.

[63] Un être raisonnable appartient comme *membre* au règne des fins, lorsque, tout en y donnant des lois universelles, il est lui-même soumis à ces lois. Il y appartient comme *chef*, lorsqu'il n'est soumis, comme législateur, à aucune volonté étrangère.

[64] L'être raisonnable doit toujours se considérer comme législateur dans un règne des fins rendu possible par la liberté de sa volonté, qu'il y soit membre ou chef. Mais les maximes de sa volonté ne suffisent pas pour lui donner le droit de revendiquer ce dernier rang ; il faut pour cela qu'il soit parfaitement indépendant, exempt de tout besoin, et que son pouvoir soit, sans aucune restriction, *adéquat* à sa volonté.

[65] La moralité consiste donc dans le rapport de toute action à la législation qui seule rend possible un règne des fins. Cette législation doit se trouver en tout être raisonnable, et émaner de sa volonté, dont le principe est d'agir toujours d'après une maxime qu'on puisse regarder sans contradiction comme une loi universelle, c'est-à-dire *de telle sorte que la volonté puisse se considérer elle-même comme dictant par ses maximes des lois universelles*. Que si les maximes ne sont pas déjà, par leur nature même, nécessairement conformes à ce principe objectif des êtres raisonnables, considérés comme dictant des lois universelles, la nécessité d'agir conformément à ce principe prend alors le nom de contrainte pratique, c'est-à-dire de *devoir*. Le devoir ne s'adresse pas au chef dans le règne des fins, mais à chacun de ses membres, et à tous au même degré.

[66] La nécessité pratique d'agir conformément à ce principe, c'est-à-dire le devoir, ne repose pas sur des sentiments, des penchants et des inclinations, mais seulement sur le rapport des êtres raisonnables entre eux, en tant que la volonté de chacun d'eux doit être

considérée comme législatrice, ce qui seul permet de les considérer comme des *fins en soi*. La raison étend donc toutes les maximes de la volonté, considérées comme législatrice universelle, à toutes les autres volontés, ainsi qu'à toutes les actions envers soi-même, et elle ne se fonde pas pour cela sur quelque motif pratique étranger ou sur l'espoir de quelque avantage, mais seulement sur l'idée de la *dignité* d'un être raisonnable, qui n'obéit à d'autre loi qu'à celle qu'il se donne lui-même.

[67] Dans le règne des fins tout a ou un *prix*, ou une *dignité*. Ce qui n'a que du prix peut être remplacé par quelque *équivalent* ; mais ce qui est au-dessus de tout prix et ce qui, par conséquent, n'a pas d'équivalent, voilà ce qui a de la dignité.

[68] Ce qui se rapporte aux penchants et aux besoins généraux de l'homme a un prix marchand ; ce qui, même sans supposer un besoin, est conforme à un certain goût, c'est-à-dire à cette satisfaction qui s'attache au jeu tout à fait libre des facultés de notre esprit, a un prix de sentiment ; mais ce qui constitue la condition même qui seule peut élever une chose au rang de fin en soi n'a pas une simple valeur relative, c'est-à-dire un prix, mais une valeur intrinsèque, c'est-à-dire une *dignité*.

[69] Or, la moralité est précisément cette condition qui seule peut faire d'un être raisonnable une fin en soi, car c'est par elle seule qu'il peut devenir membre législateur dans le règne des fins. La moralité et l'humanité, en tant qu'elle est capable de moralité, voilà donc ce qui seul a de la dignité. L'habileté et l'ardeur dans le travail ont un prix marchand ; l'esprit, la vivacité d'imagination et l'enjouement ont un prix de sentiment ; au contraire, la fidélité à ses promesses, la bienveillance fondée sur des principes (et non sur un

instinct) ont une valeur intrinsèque. La nature et l'art ne contiennent rien qui puisse remplacer ces choses, car leur valeur ne consiste pas dans les effets qui en résultent, dans les avantages ou dans l'utilité qu'elles procurent, mais dans les intentions, c'est-à-dire dans les maximes de la volonté, toujours prêtes à se traduire en actions, alors même que l'issue ne leur serait pas favorable. Ces actions n'ont pas besoin d'être recommandées par quelque disposition subjective ou quelque goût, qui nous les ferait immédiatement accueillir avec faveur et satisfaction, par quelque penchant ou quelque sentiment immédiat pour elles, mais elles font de la volonté qui les accomplit un objet immédiatement digne de notre respect, et c'est la raison seule qui nous *impose* ce respect, sans nous *flatter pour l'obtenir*, ce qui serait d'ailleurs en contradiction avec l'idée du devoir. Telle est donc l'estimation par laquelle nous reconnaissons à notre façon de penser cette valeur que nous désignons sous le nom de dignité, et qui l'élève infiniment au-dessus de tout prix, de sorte que toute comparaison serait une atteinte portée à sa sainteté.

[70] Et qu'est-ce donc qui autorise une intention moralement bonne ou la vertu à élever de si hautes prétentions ? Ce n'est rien moins que le privilège qu'elle donne à l'être raisonnable de *participer à la législation universelle*, et de devenir par là membre d'un règne possible des fins, privilège auquel il était déjà destiné par sa propre nature, comme fin en soi, et, partant, comme législateur dans le règne des fins, comme indépendant de toutes les lois de la nature et comme n'obéissant qu'à des lois qu'il se donne lui-même, et d'après lesquelles ses maximes peuvent être élevées au rang d'une législation universelle (à laquelle il se soumet en même temps lui-même). En effet, aucune chose n'a de valeur que celle que la loi lui assigne. Or la législation même qui détermine toute valeur doit avoir elle-même une dignité, c'est-à-dire une valeur incon-

ditionnelle, incomparable, et le mot *respect* est le seul qui convienne pour exprimer le genre d'estime qu'un être raisonnable fait de cette valeur. L'autonomie est donc le principe de la dignité de la nature humaine et de toute nature raisonnable.

[71] Les trois manières, que nous avons indiquées, de représenter le principe de la moralité ne sont au fond qu'autant de formules de la même loi, et chacune d'elles contient les deux autres. Cependant, il y a entre elles une différence qui est plutôt subjectivement qu'objectivement pratique, et qui consiste en ce qu'elles rapprochent toujours davantage une idée de la raison de l'intuition (suivant une certaine analogie), et par là du sentiment. Chaque maxime a :

1° Une *forme*, qui consiste dans l'universalité, et, sous ce rapport, on a la formule de l'impératif catégorique, qui veut que l'on choisisse ses maximes comme si elles devaient avoir la valeur de lois universelles de la nature ;

2° Une *matière*, c'est-à-dire une fin, et de là la formule d'après laquelle l'être raisonnable étant, par sa nature même, une fin, par conséquent une fin en soi, doit être pour toute maxime la condition limitative de toutes les fins simplement relatives et arbitraires ;

3° Une *détermination complète* de toutes les maximes, exprimée par cette formule, savoir que toutes les maximes qui dérivent de notre propre législation doivent s'accorder avec un règne possible des fins, comme avec un règne de la nature[1]. Nous suivons ici, en quelque sorte, les catégories 1re de l'*unité* de la forme de la volonté (de son universalité), 2e de la *pluralité* de la matière (des objets, c'est-à-dire des fins), et 3e de la *totalité* du système des fins. Lorsqu'il s'agit de *juger* moralement une action, la meilleure méthode à suivre est de prendre pour principe la formule universelle de l'impératif catégorique : *Agis d'après une maxime qui puisse s'ériger elle-même en loi universelle.* Mais si l'on veut ouvrir à la loi morale un *accès* plus facile, il est fort utile de faire passer la même action par les trois concepts, afin de la rapprocher, autant que possible, de l'intuition.

[72]   Nous pouvons maintenant terminer par où nous avons commencé, c'est-à-dire par le concept d'une volonté absolument bonne. La *volonté absolument bonne* est celle qui ne peut devenir mauvaise, celle, par conséquent, dont la maxime peut être érigée en loi universelle sans se contredire elle-même. Ce principe est donc aussi sa loi suprême : *Agis toujours d'après une maxime dont tu puisses vouloir qu'elle soit en même temps une loi universelle.* C'est la seule condition qui permette à une volonté de n'être jamais en contradiction avec elle-même et un tel impératif est catégorique. Et, puisque ce caractère qu'a la volonté de pouvoir être considérée comme une loi universelle pour des actions possibles a de l'analogie avec cette liaison universelle de l'existence des choses qui se fonde sur des lois universelles, et qui a la forme d'une nature en général, l'impératif catégorique peut encore être exprimé de cette manière : *Agis d'après des maximes*

---

1. La téléologie considère la nature comme un règne des fins ; la morale, un règne possible des fins comme un règne de la nature. Là, le règne des fins est une idée théorique employée pour expliquer ce qui est. Ici, c'est une idée pratique servant à réaliser ce qui n'est pas mais ce qui peut être réalisé par notre manière d'agir, conformément à cette idée même.

qui puissent se considérer elles-mêmes en même temps comme des lois universelles de la nature. Telle est donc la formule d'une volonté absolument bonne.

[73] La nature raisonnable se distingue de toutes les autres en ce qu'elle se donne une fin à elle-même. Cette fin serait la matière de toute bonne volonté. Mais, comme dans l'idée d'une volonté bonne absolument, sans condition restrictive (indépendamment de cette condition qu'elle atteigne telle ou telle fin), il faut faire abstraction de toute fin *à réaliser* (puisque autrement la volonté ne serait plus bonne que relativement), la fin ne doit plus être ici considérée comme une chose à réaliser ; mais il la faut concevoir comme une fin *existant par elle-même*, et, par conséquent, d'une manière toute négative, c'est-à-dire comme une fin contre laquelle on ne doit jamais agir, et que partant il ne faut jamais traiter comme un *moyen*, mais toujours respecter en même temps comme une fin. Or cette fin ne peut être autre chose que le sujet même de toutes les fins possibles, puisque celui-ci est en même temps le sujet d'une volonté absolument bonne possible, et qu'une volonté absolument bonne ne peut être subordonnée sans contradiction à aucun autre objet. Ce principe : Agis à l'égard de tout être raisonnable (de toi-même et des autres) de telle sorte que ta maxime le respecte toujours en même temps comme une fin en soi, est donc au fond identique avec celui-ci : Agis d'après une maxime qui puisse être en même temps considérée comme une loi universelle pour tous les êtres raisonnables. En effet, dire que, dans la poursuite de toute fin, je dois exclure de ma maxime l'emploi de tout moyen qui l'empêcherait de pouvoir être considérée comme une loi universelle pour tout sujet : c'est dire que le sujet des fins, c'est-à-dire l'être raisonnable lui-même, doit servir de principe à toutes les maximes de nos actions, non pas simplement comme moyen, mais comme condition suprême limitative à

laquelle est soumis l'emploi de tous les moyens, c'est-à-dire toujours en même temps comme fin.

[74] Il suit de là incontestablement que tout être raisonnable, en tant que fin en soi, doit pouvoir se considérer comme un législateur universel relativement à toutes les lois auxquelles il peut être soumis, puisque c'est précisément ce caractère, qu'ont ses maximes de pouvoir former une législation universelle, qui fait de lui une fin en soi, et que ce qui lui donne sa dignité (sa prérogative), ce qui l'élève au-dessus de tous les autres êtres de la nature, c'est qu'il doit envisager ses maximes d'un point de vue qui est le sien, mais qui est en même temps celui de tout être raisonnable considéré comme législateur (et c'est pourquoi aussi on l'appelle une personne). Or c'est de cette manière qu'un monde d'êtres raisonnables *(mundus intelligibilis)* comme règne des fins est possible, et cela par la vertu de la législation propre à toutes les personnes qui en font partie comme membres. D'après cela, tout être raisonnable doit toujours agir comme s'il était, par ses maximes, un membre législateur dans le règne universel des fins. Le principe formel de ces maximes est celui-ci : Agis de telle sorte que ta maxime puisse servir en même temps de loi universelle (à tous les êtres raisonnables). Un règne des fins n'est possible que par analogie avec un règne de la nature, mais la possibilité de celui-là est tout entière fondée sur des maximes, c'est-à-dire sur des règles qu'on s'impose à soi-même, tandis que la possibilité de celui-ci ne l'est que sur des lois qui soumettent les causes efficientes à l'empire d'une nécessité extérieure. Ce qui n'empêche pas d'ailleurs de donner à l'ensemble de la nature, bien qu'on ne la considère que comme une machine, le nom de règne de la nature, à cause de son rapport avec les êtres raisonnables considérés comme fins. Ce règne des fins serait réalisé par les maximes, dont l'impératif catégorique trace la règle à tous les êtres raisonnables, *si*

elles étaient universellement suivies. Mais, quoique l'être raisonnable ne puisse espérer que, quand il suivrait lui-même ponctuellement ces maximes, tous les autres les suivraient également, et que le règne de la nature et son ordonnance se mettraient en harmonie avec lui, comme avec un membre fidèle à sa destination, pour réaliser ce règne des fins dont il est le principe, c'est-à-dire lui donneraient le bonheur qu'il attend, cette loi : Agis d'après les maximes d'un membre qui établit des lois universelles pour un règne des fins purement possible, n'en subsiste pas moins dans toute sa force, car elle commande catégoriquement. Et c'est précisément en cela que consiste ce paradoxe, que la dignité de l'humanité, considérée comme nature raisonnable, indépendamment de toute fin à atteindre ou de tout avantage à obtenir, et, par conséquent, le respect d'une pure idée devraient être la règle inflexible de la volonté, et que c'est justement cette indépendance des maximes par rapport à tous les mobiles de cette espèce qui fait la sublimité de l'humanité, et rend tout être raisonnable digne d'être considéré comme un membre législateur dans le règne des fins, puisqu'autrement on ne pourrait plus le regarder que comme un être soumis par ses besoins à la loi de la nature. Aussi, quand même nous supposerions réunis sous un maître suprême le règne de la nature et celui des fins, et, quand même ce dernier ne serait plus une pure idée, mais aurait une véritable réalité, il y aurait un mobile puissant ajouté à cette idée, mais sa valeur intérieure n'en serait nullement augmentée ; car il faudrait toujours se représenter ce législateur unique et infini comme ne pouvant juger la valeur des êtres raisonnables que d'après la conduite désintéressée prescrite par cette idée même. L'essence des choses n'est point modifiée par leurs rapports extérieurs, et ce qui, indépendamment de ces rapports, constitue seul la valeur absolue de l'homme, est aussi la seule chose d'après laquelle il doit être jugé par tout être, même par l'Être suprême. La *moralité* est donc le rapport des actions à l'autonomie de la volonté, c'est-à-dire à la législation universelle que peuvent constituer ses maximes. L'action qui peut s'accorder avec l'autonomie de la volonté est *permise* ; celle qui ne le peut pas est *défendue*. La volonté dont les maximes s'accordent nécessairement avec les lois de l'autonomie est une volonté absolument bonne, une volonté *sainte*. La dépendance d'une volonté, qui n'est pas absolument bonne, par rapport au principe de l'autonomie (la contrainte morale) est l'obligation. L'obligation ne peut donc concerner un être saint. La nécessité objective d'une action obligatoire s'appelle *devoir*.

[75] Il est maintenant aisé de s'expliquer, par le peu que nous venons de dire, comment le concept du devoir, tout en nous annonçant une sujétion à la loi, nous fait trouver en même temps une certaine sublimité, une certaine *dignité* dans la personne qui remplit tous ses devoirs. En effet, ce n'est sans doute point en tant qu'elle est *soumise* à la loi morale qu'elle a de la sublimité, mais en tant qu'eu égard à cette loi elle est en même temps *législatrice* et n'y est soumise qu'à ce titre. Nous avons montré aussi plus haut comment ce n'est ni la crainte ni l'inclination, mais le seul respect pour la loi qui est le mobile pouvant donner une valeur morale aux actions. Notre propre volonté, conçue comme n'agissant qu'à la condition de pouvoir ériger ses maximes en lois universelles, cette volonté idéale, dont la possibilité vient de nous, est le véritable objet de notre respect, et la dignité de l'humanité consiste précisément dans cette propriété qu'elle a de dicter des lois universelles, mais à la condition de s'y soumettre en même temps elle-même.

L'autonomie de la volonté comme principe suprême de la moralité.

[76] L'autonomie de la volonté est cette propriété qu'a la volonté d'être à elle-même sa loi (indépendamment de la nature des objets du vouloir). Le principe de l'autonomie est donc d'opter toujours de telle sorte que la volonté puisse considérer les maximes, qui déterminent son choix, en même temps comme des lois universelles. Que cette règle pratique soit un impératif, c'est-à-dire que la volonté de tout être raisonnable y soit liée comme à une condition nécessaire, c'est ce qu'on ne peut prouver par une simple analyse des concepts que renferme la volonté, car c'est là une proposition synthétique ; il faudrait pour cela sortir de la connaissance des objets et entrer dans une critique du sujet, c'est-à-dire de la raison pure pratique, car cette proposition synthétique, qui commande apodictiquement, doit pouvoir être établie tout à fait *a priori* ; mais ce n'est pas l'affaire de cette section. La seule chose qu'on puisse établir par une simple analyse des concepts de la moralité, c'est que le principe de l'autonomie est l'unique principe de la morale. En effet, on trouve par là que ce principe doit être un impératif catégorique, et que celui-ci ne commande ni plus ni moins que cette autonomie même.

L'hétéronomie de la volonté comme source de tous les faux principes de la moralité.

[77] Lorsque la volonté cherche la loi qui doit la déterminer *ailleurs* que dans l'aptitude de ses maximes à former une législation qui lui soit propre, et qui en même temps soit universelle, lorsque, par conséquent, sortant d'elle-même, elle cherche cette loi dans la nature de quelqu'un de ses objets, il y a toujours *hétéronomie*. Ce n'est pas alors la volonté qui se donne à elle-même sa loi, mais c'est l'objet qui la lui donne par son

rapport avec elle. Que ce rapport soit fondé sur l'inclination ou sur des représentations de la raison, il ne peut jamais donner lieu qu'à des impératifs hypothétiques : je dois faire quelque chose *parce que je veux quelque autre chose*. Au contraire, l'impératif moral, par conséquent catégorique, veut qu'on dise : je dois agir ainsi, alors même que je ne voudrais pas autre chose. Par exemple, suivant le premier impératif, on dira : je ne dois pas mentir, si je veux conserver ma réputation ; et suivant le second : je ne dois pas mentir, quand même le mensonge ne me ferait pas le plus léger tort. Ce dernier doit donc faire abstraction de tout objet, en ce sens que l'objet ne doit avoir aucune *influence* sur la volonté, afin que la raison pratique (la volonté) ne se borne pas à administrer un intérêt étranger, mais qu'elle montre par elle-même l'autorité d'une législation suprême. Ainsi, par exemple, je dois chercher à assurer le bonheur d'autrui, non pas comme si j'y prenais quelque intérêt (soit en vertu de quelque inclination immédiate, soit, indirectement, en vertu de quelque satisfaction déterminée en moi par la raison), mais uniquement parce qu'une maxime qui exclurait cette conduite ne pourrait être considérée par la même volonté comme une loi universelle.

Division de tous les principes possibles de la moralité tirés du concept fondamental de l'hétéronomie déjà admis.

[78] Ici, comme partout ailleurs dans son emploi pur, la raison humaine, tant que la critique lui a manqué, a tenté toutes les fausses routes possibles, avant d'avoir le bonheur de trouver la seule vraie.

[79] Tous les principes, qu'on peut admettre de ce point de vue, sont ou *empiriques* ou *rationnels*. Les *premiers*, dérivant du principe du *bonheur*, se fondent sur le sentiment physique ou sur le sentiment moral ;

les *seconds*, dérivant du principe de la *perfection*, se fondent, ou bien sur le concept rationnel de la perfection, considérée comme effet possible, ou bien sur celui d'une perfection existant par elle-même (de la volonté de Dieu), considérée comme cause déterminante de notre volonté.

[80] *Des principes empiriques* ne peuvent jamais fonder des lois morales. Car l'universalité avec laquelle ces lois doivent valoir nécessairement pour tous les êtres raisonnables sans distinction, et la nécessité pratique inconditionnelle, qui leur est par là même attribuée, disparaissent, dès qu'on en cherche le principe dans la *constitution particulière de la nature humaine* ou dans les circonstances accidentelles où elle est placée. Mais le principe du *bonheur personnel* est le plus mauvais. Outre qu'il est faux et que l'expérience contredit cette supposition, que le bonheur se règle toujours sur la bonne conduite ; outre qu'il ne contribue en rien à fonder la moralité, puisque tout autre chose est de rendre un homme heureux ou de le rendre bon, de le rendre prudent et attentif à ses intérêts ou de le rendre vertueux, ce principe soumet la moralité à des mobiles qui la dégradent et lui enlèvent toute sublimité, car il range dans la même classe les mobiles qui nous portent à la vertu et ceux qui nous portent au vice, et, nous apprenant seulement à mieux calculer, il efface toute différence spécifique entre ces deux sortes de mobiles. Quant au *sentiment moral*[1] (quelque faiblesse d'esprit que montrent en l'invoquant ceux qui, faute d'être capables de *penser*, croient pouvoir appeler le

---

1. Je rattache le principe du sentiment moral à celui du bonheur, parce que tout intérêt empirique, produit par l'agrément qu'une chose nous procure, que cela ait lieu immédiatement et sans aucune vue intéressée, ou qu'il s'y joigne quelque considération de ce genre, promet d'ajouter à notre bien-être. Il faut aussi, avec Hutcheson, rattacher le principe de la sympathie pour le bonheur d'autrui au sens moral admis par ce philosophe.

sentiment à leur aide, même lorsqu'il s'agit seulement de lois universelles, et, quoique des sentiments, qui diffèrent infiniment les uns des autres par le degré de leur nature, ne puissent guère donner une mesure égale du bien et du mal, et que celui qui juge par son sentiment n'ait pas le droit d'imposer ses jugements aux autres), ce prétendu sens spécial se rapproche du moins davantage de la moralité et de la dignité qui lui est propre, en faisant à la vertu l'honneur de lui attribuer *immédiatement* la satisfaction et le respect que nous ressentons pour elle, et en ne lui disant pas en face, pour ainsi parler, que ce n'est pas sa beauté, mais notre avantage, qui nous attache à elle.

[81] Parmi les principes *rationnels* de la moralité, le concept ontologique de la *perfection* (si vide, si indéterminé, et partant si inutile qu'il soit, lorsqu'il s'agit de découvrir, dans le champ immense de la réalité possible, la plus grande somme de réalité convenable pour nous, et quoique, lorsqu'il s'agit de distinguer la réalité dont il est ici question de toute autre, il soit condamné à tourner dans un cercle, et ne puisse éviter de supposer tacitement la moralité qu'il s'agit d'expliquer), ce concept, malgré ses défauts, est encore préférable au concept théologique, qui fait dériver la moralité d'une volonté divine absolument parfaite. Car nous n'avons pas l'intuition de cette perfection, et nous sommes réduits à la dériver de nos concepts, dont le principal est celui de la moralité ; et surtout, si nous ne voulons pas procéder ainsi (pour ne pas faire, comme il arriverait en effet, un cercle grossier dans notre explication), le seul concept de la volonté divine que nous pourrons donner pour fondement au système des mœurs sera celui d'une volonté possédée de l'amour de la gloire et de la domination, puissante et vindicative, partant redoutable, et rien ne serait plus contraire à la moralité.

[82] Si maintenant il me fallait opter entre le concept du sens moral et celui de la perfection en général (lesquels, au moins, ne portent pas atteinte à la moralité, quoiqu'ils ne soient pas propres à lui servir de fondement), je donnerais la préférence au dernier, parce qu'en ne laissant pas à la sensibilité le soin de décider la question, mais en la portant au tribunal de la raison pure, s'il ne décide rien il laisse du moins intacte l'idée indéterminée (d'une volonté bonne en soi) pour qu'on la détermine avec plus de précision.

[83] Du reste, je crois pouvoir me dispenser d'une réfutation étendue de toutes ces doctrines. Cette réfutation est si facile, et ceux-là mêmes qui sont forcés par état de se déclarer pour l'une de ces théories (car les auditeurs ne souffrent pas volontiers la suspension du jugement) s'en font sans doute une si juste idée que ce serait peine perdue d'y insister. Mais ce qui nous intéresse ici davantage, c'est de savoir que tous ces principes ne donnent à la moralité d'autre fondement premier que l'hétéronomie de la volonté, et que c'est précisément pour cela qu'ils sont condamnés à manquer leur but.

[84] Toutes les fois que la volonté a besoin d'un objet qui lui prescrive la règle qui la détermine, cette règle n'est autre chose que l'hétéronomie : l'impératif est alors conditionnel, à savoir *si* ou *parce qu'*on veut cet objet, on doit agir de telle ou telle manière ; et, par conséquent, il ne peut jamais commander moralement, c'est-à-dire catégoriquement. Or que l'objet détermine la volonté au moyen de l'inclination, comme dans le principe du bonheur personnel, ou au moyen de la raison appliquée en général à des objets possibles de notre vouloir, comme dans le principe de la perfection, dans l'un et l'autre cas, la volonté ne se détermine jamais *immédiatement* elle-même par la représentation de l'action, mais elle est simplement déterminée par le

mobile qui résulte en elle de l'effet supposé de l'action : je dois faire telle chose, parce que je veux telle autre chose ; et ici il faut encore admettre en moi comme sujet une autre loi d'après laquelle je veux nécessairement cette autre chose, et cette loi à son tour a besoin d'un impératif qui limite cette maxime. En effet, comme l'influence, que la représentation d'un objet de notre activité peut exercer sur la volonté, dépend de la nature même du sujet, soit de la sensibilité (de l'inclination et du goût), soit de l'entendement et de la raison, qui, en vertu des dispositions particulières de leur nature, s'occupent d'un objet avec satisfaction, c'est proprement ici la nature qui donne la loi, et, puisque cette loi, comme loi de la nature, ne peut être connue et démontrée que par l'expérience, elle est contingente en soi, et par là impropre à constituer une règle pratique apodictique, telle que doit être la règle morale. Elle n'est *jamais autre chose qu'une hétéronomie* de la volonté, c'est-à-dire que la volonté ne se la donne pas à elle-même, mais qu'elle la reçoit d'une impulsion étrangère, à laquelle la soumet la nature particulière du sujet.

[85] La volonté absolument bonne, celle dont le principe doit être un impératif catégorique, sera donc indéterminée à l'égard de tous les objets, et ne contiendra que la *forme du vouloir* en général, et c'est ici que paraît l'autonomie, c'est-à-dire que l'aptitude de la maxime de toute bonne volonté à s'ériger elle-même en loi universelle est elle-même l'unique loi que s'impose à elle-même la volonté de tout être raisonnable, sans avoir besoin pour cela comme fondement d'un mobile ou d'un intérêt quelconque.

[86] *Comment une proposition pratique de ce genre,* c'est-à-dire une proposition *synthétique a priori*, est possible, et pourquoi elle est nécessaire, c'est une question dont la solution n'est pas du ressort de la méta-

physique des mœurs. Aussi n'avons-nous pas affirmé ici la vérité de cette proposition, et nous sommes-nous bien gardés de prétendre que nous en avions une preuve entre les mains. Nous nous sommes bornés à montrer, par le développement du concept universellement reçu de la moralité, qu'une autonomie de la volonté était inévitablement liée à ce concept, ou plutôt qu'elle en était le fondement. Par conséquent, celui qui tient la moralité pour quelque chose de réel, et ne la regarde pas comme une idée chimérique et sans vérité, doit aussi admettre le principe que nous assignons. Cette section est donc, comme la première, purement analytique. Quant à la question de savoir si la moralité est autre chose qu'une chimère, ce qu'il faut admettre dès le moment que l'impératif catégorique, et avec lui l'autonomie de la volonté, est vrai, et qu'il est absolument nécessaire comme principe *a priori*, elle suppose un *usage synthétique possible de la raison pure pratique*, que nous ne pouvons tenter ici sans entreprendre auparavant une *critique* de cette faculté, dont nous tracerons dans la dernière section les traits qui suffisent à notre but.

TROISIÈME SECTION

Passage de la métaphysique des mœurs à la critique de la raison pure pratique

Le concept de la liberté est la clef qui donne l'explication de l'autonomie de la volonté.

1] La volonté est une sorte de causalité des êtres vivants, en tant qu'ils sont raisonnables, et la liberté serait la propriété qu'aurait cette causalité d'agir indépendamment de toute cause *déterminante* étrangère ; de même que la *nécessité naturelle* est la propriété qu'a la causalité de tous les êtres privés de raison d'être déterminés à l'action par l'influence de causes étrangères.

[2] Cette définition de la liberté est négative, et par conséquent elle ne nous en fait pas saisir l'essence, mais elle conduit aussi à un concept *positif* de la liberté, partant plus riche et plus fécond. Comme le concept d'une causalité implique celui de *lois*, d'après lesquelles quelque chose que nous nommons effet doit être produit par quelque chose que nous nommons cause, la liberté ne doit pas être exempte de toute loi, quoiqu'elle ne soit pas la propriété d'une volonté agissant d'après des lois de la nature ; au contraire, elle doit être une causalité agissant d'après des lois immuables, mais d'une espèce particulière ; autrement, une volonté libre serait une absurdité. La nécessité naturelle était une hétéronomie des causes efficientes ; car tout effet n'était possible que d'après la loi selon laquelle quelque autre chose détermine la causalité de toute cause efficiente ; que peut donc être la liberté de la volonté, sinon une autonomie, c'est-à-dire une propriété qu'a la volonté d'être à elle-même une loi ? Mais

cette proposition : la volonté est à elle-même sa propre loi dans toutes les actions, ne désigne autre chose que ce principe : N'agis jamais d'après une autre maxime que d'après celle qui peut aussitôt être considérée comme une loi universelle. Or c'est précisément la formule de l'impératif catégorique et le principe de la moralité. Donc, une volonté libre et une volonté soumise à des lois morales sont une seule et même chose.

[3] Si donc on suppose la liberté de la volonté, il suffit d'en analyser le concept pour en dériver la moralité avec son principe. Cependant, ce principe est toujours une proposition synthétique, qu'on peut exprimer ainsi : une volonté absolument bonne est celle dont la maxime peut toujours se maintenir quand elle est considérée comme loi universelle ; car on ne peut trouver par l'analyse du concept d'une volonté absolument bonne cette propriété de la maxime. Des propositions synthétiques comme celle-ci ne sont possibles qu'à la condition que deux connaissances soient liées entre elles par leur union avec une troisième où elles se rencontrent toutes les deux. Le concept *positif* de la liberté fournit ce troisième terme, qui ne peut être ici, comme pour les causes physiques, la nature du monde sensible (dans le concept de laquelle se rencontrent le concept d'une chose considérée comme cause et celui d'une autre chose liée à la première comme effet). Mais quel est ce troisième terme auquel nous renvoie la liberté, et dont nous avons une idée *a priori*, nous ne pouvons le montrer encore, ni faire comprendre comment le concept de la liberté se déduit de la raison pure pratique, et en même temps aussi comment est possible un impératif catégorique : nous avons encore besoin pour cela de quelque préparation.

La liberté doit être supposée comme propriété de la volonté de tous les êtres raisonnables.

[4] Il ne suffit pas d'attribuer la liberté à notre volonté, pour quelque raison que ce soit, si nous n'avons pas une raison suffisante d'attribuer exactement la même liberté à tous les êtres raisonnables. En effet, comme la moralité n'est une loi pour nous qu'autant que nous sommes des *êtres raisonnables*, elle doit aussi avoir la même valeur pour tous les êtres raisonnables ; et, comme elle doit être uniquement dérivée de la propriété de la liberté, il faut prouver aussi que la liberté est la propriété de la volonté de tous les êtres raisonnables. Il ne suffirait pas de la montrer par de prétendues expériences sur la nature humaine (ce qui d'ailleurs est absolument impossible, car la liberté ne peut être établie qu'*a priori*), mais il faut prouver qu'elle appartient en général à l'activité des êtres doués de raison et de volonté. Or je dis que tout être qui ne peut agir autrement que sous l'idée de la liberté est par là même, au point de vue pratique, réellement libre ; c'est-à-dire que toutes les lois, qui sont inséparablement liées à la liberté, ont pour cet être la même valeur que si sa volonté avait été reconnue libre en elle-même et au point de vue de la philosophie théorique[1]. Et je soutiens en même temps que nous devons nécessairement admettre que tout être raisonnable, qui a une volonté, a l'idée de la liberté, et qu'il n'agit que sous cette idée. En effet, nous concevons dans un être raisonnable une raison qui est pratique,

---

1. Ne voulant pas m'engager à prouver la liberté au point de vue théorique, je me borne à l'admettre comme l'*idée* que les êtres raisonnables donnent pour fondement à leurs actions. Cela suffit pour le but que nous nous proposons. Car, quand même l'existence de la liberté ne serait pas théoriquement démontrée, les mêmes lois qui obligeraient un être réellement libre obligent également celui qui ne peut agir qu'en supposant sa propre liberté. Nous pouvons donc nous délivrer ici du fardeau qui pèse sur la théorie.

c'est-à-dire qui est douée de causalité à l'égard de ses objets. Or il est impossible de concevoir une raison qui, ayant toute sa conscience, quand il s'agit de ses jugements, recevrait une direction du dehors, car alors le sujet n'attribuerait plus à sa raison, mais à une impulsion, la détermination de son jugement. Il faut donc qu'elle se considère comme étant elle-même, indépendamment de toute influence étrangère, l'auteur de ses principes ; et par conséquent, comme raison pratique ou comme volonté d'un être raisonnable, elle doit se considérer elle-même comme libre, c'est-à-dire que la volonté d'un être raisonnable ne peut être une volonté au sens propre que sous l'idée de la liberté, et que, par conséquent, elle doit être attribuée, au point de vue pratique, à tous les êtres raisonnables.

De l'intérêt qui s'attache aux idées de la moralité.

[5]   Nous avons ramené en dernière analyse le concept déterminé de la moralité à l'idée de la liberté. Mais nous n'avons pu démontrer cette liberté comme quelque chose de réel, même en nous et dans la nature humaine ; nous avons vu seulement que nous devons la supposer, dès que nous voulons concevoir un être raisonnable et ayant conscience de sa causalité dans ses actions, c'est-à-dire doué de volonté ; et c'est ainsi que nous sommes conduits à attribuer à tout être doué de raison et de volonté cette propriété de ne se déterminer à agir que sous l'idée de sa liberté.

[6]   De la supposition de ces idées dérive, nous l'avons vu, la conscience d'une loi, qui nous commande d'agir de telle sorte que les principes subjectifs de nos actions, ou nos maximes, puissent valoir objectivement, c'est-à-dire universellement comme principes, et former ainsi une législation qui nous soit propre, et qui en même temps soit universelle. Mais pourquoi donc dois-je me soumettre à ce principe, et précisément en ma qualité

d'être raisonnable en général, ou pourquoi tous les êtres doués de raison doivent-ils s'y soumettre ? J'accorde qu'aucun intérêt ne m'y *pousse*, car alors il n'y aurait plus d'impératif catégorique ; mais il faut bien pourtant que j'y *prenne* nécessairement un intérêt, et que je sache comment cela arrive. En effet, le devoir, exprimé par cet impératif, est proprement le vouloir de tout être raisonnable, dont la raison pratique ne rencontrerait point d'obstacle ; mais, quand il s'agit d'êtres affectés aussi, comme nous, par des mobiles d'une autre espèce, c'est-à-dire par la sensibilité, et ne faisant pas toujours ce que ferait par soi la raison, si elle était seule, la nécessité de l'action s'appelle seulement un devoir, et la nécessité subjective est distincte de la nécessité objective.

[7] Il semble donc que nous ne fassions proprement que supposer la loi morale, c'est-à-dire le principe même de l'autonomie de la volonté dans l'idée de la liberté, sans pouvoir démontrer en elle-même la réalité et la nécessité objective de cette loi ou de ce principe. Il est vrai que nous aurions toujours gagné quelque chose de très considérable, en déterminant du moins avec plus de précision, qu'on ne l'avait fait jusque-là, le véritable principe, mais quant à sa valeur, quant à la nécessité pratique de nous y soumettre, nous ne serions pas plus avancés de ce côté. Car nous ne saurions faire une réponse satisfaisante à celui qui nous demanderait pourquoi donc l'universalité de notre maxime érigée en loi doit être la condition restrictive de nos actions, sur quoi nous fondons la valeur que nous attribuons à cette manière d'agir, cette valeur qui doit être si grande qu'il ne peut y avoir nulle part d'intérêt plus élevé, et comment c'est par là seulement que l'homme croit sentir sa valeur personnelle, au prix de laquelle il compte pour rien celle d'un état agréable ou pénible.

[8] Nous trouvons bien, à la vérité, que nous pouvons attacher un certain intérêt à une qualité personnelle, où l'intérêt de notre état n'entre pour rien mais qui nous disposerait au bonheur, si la raison était chargée de le dispenser. C'est-à-dire que cette seule qualité d'être digne du bonheur peut nous intéresser par elle-même, indépendamment de l'espoir de participer à ce bonheur. Mais ce jugement n'est en réalité que l'effet de l'importance que nous supposons déjà aux lois morales (en nous détachant par l'idée de la liberté de tout intérêt empirique) ; mais nous ne pouvons voir encore par là pourquoi nous devons nous dégager de tout intérêt de ce genre, c'est-à-dire nous considérer comme libres dans nos actions, et en même temps nous regarder comme soumis à certaines lois, pour trouver simplement dans notre personne une valeur propre à compenser la perte de tout ce qui peut donner du prix à notre état, comment cela est possible, et, par conséquent, *d'où vient* que la loi morale oblige.

[9] Il y a ici, il faut l'avouer franchement, une espèce de cercle, d'où il semble qu'il soit impossible de sortir. Nous nous supposons libres dans l'ordre des causes efficientes, afin de pouvoir nous regarder comme soumis dans l'ordre des fins à des lois morales, et ensuite nous nous considérons comme soumis à ces lois, parce que nous nous sommes attribué la liberté de la volonté. Car la liberté et la propre législation de la volonté sont toutes deux de l'autonomie, et, par conséquent, ce sont deux concepts réciproques, mais c'est précisément pour cela qu'on ne peut se servir de l'un pour expliquer l'autre et en rendre raison. Tout ce que l'on peut faire en pareil cas, c'est de ramener, au point de vue logique, sous un concept unique, les représentations, diverses en apparence, d'un seul et même objet (comme on réduit diverses fractions de même valeur à leur plus simple expression).

[10] Mais il nous reste encore une ressource : c'est de chercher si, en nous pensant par la liberté comme des causes efficientes *a priori*, nous ne nous plaçons pas à un autre point de vue qu'en nous représentant nous-mêmes d'après nos actions en tant qu'effets que nous avons devant les yeux.

[11] Il est une remarque qui n'exige pas une subtile réflexion, mais que l'intelligence la plus commune peut faire sans doute à sa manière, par un discernement obscur de la faculté de juger qu'elle nomme sentiment : c'est que toutes les représentations que nous recevons malgré nous (comme celles des sens) ne nous font connaître les objets que comme ils nous affectent, ce qui ne nous apprend pas du tout ce qu'ils peuvent être en soi, et que, par conséquent, par cette espèce de représentations, quelque attention que leur donne et quelque clarté qu'y ajoute l'entendement, nous ne pouvons arriver qu'à la connaissance des *phénomènes*, et jamais à celle des *choses en soi*. Dès qu'on fait cette distinction (et il suffit pour cela de remarquer la différence des représentations qui nous viennent du dehors, et où nous sommes passifs, et de celles que nous produisons uniquement de nous-mêmes, et où nous montrons notre activité), il s'ensuit nécessairement qu'on doit admettre derrière les phénomènes quelque autre chose encore, qui n'est pas phénomène, c'est-à-dire les choses en soi, quoiqu'il faille bien avouer que nous ne pouvons jamais les connaître que par la manière dont elles nous affectent, et non pas comme elles sont. De là la distinction que nous faisons, grossièrement il est vrai, entre un *monde sensible* et un *monde intelligible*, le premier qui varie suivant la différence de la sensibilité dans les divers spectateurs, le second qui, servant de fondement au premier, reste toujours le même. Cette distinction s'applique à l'homme même. D'après la connaissance qu'il a de lui-même par le sens intime, il ne peut se flatter de se

connaître tel qu'il est en soi. Car, comme il ne se produit pas en quelque sorte lui-même et qu'il n'obtient pas le concept qu'il a de lui-même *a priori*, mais empiriquement, il est naturel qu'il ne puisse prendre aussi connaissance de lui-même que par le sens intime et, par conséquent, que par le phénomène de sa nature et la manière dont sa conscience est affectée. Mais en même temps, au-dessus de cette collection de purs phénomènes qu'il trouve en son propre sujet, il doit nécessairement admettre quelque autre chose qui leur sert de fondement, c'est-à-dire son moi, quelle que puisse être en elle-même sa nature, et, par conséquent, il doit se considérer, quant à la simple perception des phénomènes et à la réceptivité des sensations, comme appartenant au *monde sensible*, et, quant à ce qui peut être en lui pure activité (c'est-à-dire quant à ce qui arrive à la conscience immédiatement, et non par l'intermédiaire des sens), comme faisant partie du *monde intelligible*, dont cependant il ne sait rien de plus.

[12] Tout homme qui réfléchit arrivera à cette conclusion sur toutes les choses qui peuvent se présenter à lui ; et probablement on la retrouverait aussi dans l'intelligence la plus commune dont l'esprit est, comme on sait, fort disposé à supposer derrière les objets des sens quelque chose d'indivisible, agissant par soi-même, mais qui gâte cette excellente disposition en donnant aussitôt une forme sensible à cet invisible, c'est-à-dire en voulant en faire un objet d'intuition, et ainsi ne se trouve pas plus avancé.

[13] Or l'homme trouve réellement en lui-même une faculté par laquelle il se distingue de toutes les autres choses, même de lui-même, en tant qu'être affecté par des objets, et cette faculté est la *raison*. Comme spontanéité pure, la raison est encore supérieure à l'*entendement*, car, quoique celui-ci soit aussi une spontanéité, et qu'il ne contienne pas seulement, comme la

sensibilité, des représentations, qui ne naissent qu'autant qu'on est affecté par des choses (et, par conséquent, qu'on est passif), il ne peut pourtant produire par son activité d'autres concepts que ceux qui servent simplement à *soumettre les représentations sensibles à des règles*, et à les unir par là en une conscience, et, sans cet usage de la sensibilité, il ne penserait absolument rien ; au contraire, la raison révèle dans ce que j'appelle les idées une spontanéité si pure que, par elle, l'homme s'élève bien au-dessus de ce que la sensibilité peut lui fournir, et qu'il montre par là sa principale fonction en distinguant le monde sensible et le monde intelligible, et par là en traçant à l'entendement même ses limites.

[14] C'est pourquoi un être raisonnable doit se considérer lui-même, en tant qu'*intelligence* (et non pas par conséquent du côté de ses facultés inférieures), comme appartenant au monde intelligible, et non au monde sensible. Il a donc deux points de vue d'où il peut se considérer lui-même et reconnaître les lois de l'exercice de ses facultés, et, par conséquent, de toutes ses actions ; *d'un côté,* en tant qu'il appartient au monde sensible, il se voit soumis aux lois de la nature (hétéronomie) ; *de l'autre,* en tant qu'il appartient au monde intelligible, il se voit soumis à des lois indépendantes de la nature, ou qui ne sont pas empiriques, mais fondées uniquement sur la raison.

[15] Comme être raisonnable, et ainsi appartenant au monde intelligible, l'homme ne peut penser la causalité de sa propre volonté que sous l'idée de la liberté ; car l'indépendance à l'égard des causes déterminantes du monde sensible (indépendance que doit toujours s'attribuer la raison) est la liberté. Or à l'idée de la liberté est inséparablement lié le concept de l'*autonomie*, et à celui-ci le principe universel de la moralité, lequel, dans l'idée, sert de fondement à toutes les actions des *êtres*

raisonnables, comme la loi de la nature à tous les phénomènes.

[16] Ainsi se trouve dissipé le soupçon de cercle vicieux que nous avions élevé nous-mêmes sur notre manière de conclure de la liberté à l'autonomie, et de celle-ci à la loi morale. On pouvait croire en effet que nous n'avions pris pour fondement l'idée de la liberté qu'en vue de la loi morale, pour conclure ensuite celle-ci de celle-là, et que, par conséquent, de cette loi nous ne pouvions donner absolument aucune raison, mais que nous l'avions mise en avant comme un principe que les âmes bien pensantes nous accorderaient aisément, quoique nous ne pussions l'établir sur aucune preuve. Or nous voyons maintenant que, en nous pensant comme libres, nous nous transportons dans le monde intelligible dont nous sommes membres et que nous reconnaissons l'autonomie de la volonté, avec sa conséquence, la moralité, mais que, en nous concevant soumis au devoir, nous nous considérons comme appartenant au monde sensible et en même temps au monde intelligible.

Comment un impératif catégorique est-il possible ?

[17] L'être raisonnable se place comme intelligence dans le monde intelligible, et ce n'est que comme cause efficiente, appartenant à ce monde, qu'il nomme sa causalité une *volonté*. D'un autre côté, il a conscience de lui-même comme d'une partie du monde sensible ; c'est dans ce monde qu'ont lieu ses actions, comme purs phénomènes de cette causalité, mais leur possibilité ne peut être expliquée par cette causalité, que nous ne connaissons pas, et nous sommes forcés de les considérer, en tant qu'elles appartiennent au monde sensible, comme déterminées par d'autres phénomènes, c'est-à-dire par des désirs et des inclinations. Si donc j'étais simplement membre du monde intelligible, tou-

tes mes actions seraient parfaitement conformes au principe de l'autonomie de la volonté pure; et, si je n'appartenais qu'au monde sensible, elles devraient être tenues pour entièrement conformes à la loi naturelle des désirs et des inclinations, et, par conséquent, à l'hétéronomie de la nature (dans le premier cas, elles reposeraient sur le principe suprême de la moralité; dans le second, sur celui du bonheur). Mais, comme *le monde intelligible contient le fondement du monde sensible, et partant aussi de ses lois,* qu'ainsi au regard de ma volonté (qui appartient entièrement au monde intelligible) il est directement principe de sa législation, et que c'est de cette manière qu'on le doit concevoir comme tel, alors, quoique d'un autre côté je doive me considérer comme un être appartenant au monde sensible, je dois, comme intelligence, me reconnaître soumis à la loi du monde intelligible, c'est-à-dire à la raison, qui renferme cette loi dans l'idée de la liberté, et, par conséquent, à l'autonomie de la volonté, et c'est pourquoi les lois du monde intelligible doivent être considérées comme des impératifs pour moi, et les actions conformes à ce principe comme des devoirs.

[18] Et ainsi les impératifs catégoriques sont possibles parce que l'idée de la liberté me fait membre d'un monde intelligible; par là, si je n'appartenais qu'à ce monde, toutes mes actions *seraient* toujours conformes à l'autonomie de la volonté; mais, comme je me vois en même temps membre du monde sensible, je dis seulement qu'elles *doivent* être conformes à ce principe. Ce devoir *catégorique* représente une proposition synthétique *a priori,* en ce qu'à ma volonté, affectée par des désirs sensibles, s'ajoute l'idée de cette même volonté; mais appartenant au monde intelligible, pure et pratique par elle-même, et contenant la condition suprême imposée à la première par la raison. A peu près comme aux intuitions du monde sensible s'ajou-

tent les concepts de l'entendement, qui ne signifient rien par eux-mêmes qu'une forme de loi en général, et par là rendent possibles des propositions synthétiques *a priori*, sur lesquelles repose toute connaissance d'une nature.

[19] L'usage pratique que le commun des hommes fait de la raison confirme l'exactitude de cette déduction. Il n'y a personne, pas même le scélérat le plus consommé, pour peu qu'il soit habitué à faire usage de sa raison, qui, lorsqu'on lui propose des exemples de loyauté dans les desseins, de persévérance dans la pratique des bonnes maximes, de sympathie et de bienveillance universelle (en y joignant même de grands sacrifices d'avantages et de commodités), ne souhaite aussi par lui-même ces dispositions. Ses inclinations et ses penchants l'empêchent seuls d'y parvenir, mais il n'en souhaite pas moins d'être libre de ces inclinations qui lui pèsent à lui-même. Il prouve donc par là qu'il se transporte en pensée, avec une volonté libre des impulsions de la sensibilité, dans un ordre de choses totalement différent de celui de ses désirs dans le champ de la sensibilité, car, en formant un tel souhait, il ne peut attendre la satisfaction de quelqu'un de ses désirs, ou de quelqu'une de ses inclinations réelles ou imaginables (puisqu'il ôterait par là toute sa supériorité à l'idée qui lui arrache ce souhait), mais seulement une plus grande valeur intérieure de sa personne. Or il croit être cette personne meilleure, lorsqu'il se place au point de vue d'un membre de ce monde intelligible, auquel il se voit involontairement soumis par l'idée de la liberté, c'est-à-dire de l'indépendance à l'égard de toutes les causes *déterminantes* du monde sensible, et de ce point de vue il a conscience d'une bonne volonté, qui, de son propre aveu, est, pour la volonté mauvaise qu'il manifeste, en tant que membre du monde sensible, la loi dont il reconnaît l'autorité, tout en la violant. Ainsi, comme membre d'un monde intelligible, il veut

nécessairement ce qu'il doit moralement, et il ne distingue le devoir du vouloir qu'autant qu'il se considère comme faisant partie du monde sensible.

De la limite extrême de toute philosophie pratique.

[20] Tous les hommes se pensent libres quant à leur volonté. De là viennent tous ces jugements par lesquels nous déclarons que telles actions auraient *dû être faites*, quoiqu'elles ne l'*aient pas été*. Pourtant, cette liberté n'est pas un concept d'expérience, et ne peut même pas l'être, puisque ce concept reste toujours, alors même que l'expérience nous montre le contraire des exigences représentées comme nécessaires sous la supposition de la liberté. D'un autre côté, il est également nécessaire que tout ce qui arrive soit inévitablement déterminé d'après des lois de la nature, et cette nécessité naturelle n'est pas non plus un concept d'expérience, précisément à cause de son caractère de nécessité : elle suppose donc une connaissance *a priori*. Mais ce concept d'une nature est confirmé par l'expérience, et il est même indispensable de le supposer pour que soit possible l'expérience, c'est-à-dire une connaissance des objets des sens qui forme un tout d'après des lois universelles. La liberté n'est donc qu'une idée de la raison, dont la réalité objective est douteuse en soi, tandis que la nature est un *concept de l'entendement*, qui prouve et doit nécessairement prouver sa réalité dans des exemples donnés par l'expérience.

[21] Mais, quoiqu'il y ait là une source de dialectique pour la raison, puisque la liberté qu'elle attribue à la volonté semble en contradiction avec la nécessité de la nature, et, quoique placée entre ces deux chemins, la raison trouve, *au point de vue spéculatif,* celui de la nécessité naturelle mieux battu et plus praticable que celui de la liberté, pourtant, *au point de vue pratique,*

le sentier de la liberté est le seul où il soit possible de faire usage de sa raison dans notre conduite ; et c'est pourquoi il est aussi impossible à la philosophie la plus subtile qu'à la raison la plus commune d'ébranler la liberté par des sophismes. La raison doit donc bien supposer qu'il n'y a pas de vraie contradiction entre la liberté et la nécessité naturelle des mêmes actions humaines, car la raison ne peut pas plus renoncer au concept de la nature qu'à celui de la liberté.

[22] Cependant, ne dût-on jamais comprendre comment la liberté est possible, il faut du moins dissiper d'une manière convaincante cette apparente contradiction. Car, si la pensée de la liberté était contradictoire avec elle-même ou avec la nature, qui est également nécessaire, il faudrait la sacrifier entièrement à la nécessité naturelle.

[23] Or, il serait impossible d'échapper à cette contradiction, si le sujet, qui se croit libre, se concevait lui-même, lorsqu'il se proclame libre, *dans le même sens ou sous le même rapport,* que quand il se reconnaît, à l'égard de la même action, soumis à la loi de la nature. C'est donc une tâche que ne peut négliger la philosophie spéculative que de dissiper au moins l'illusion qui nous fait voir ici une contradiction, en montrant que, quand nous appelons l'homme libre, nous le concevons dans un autre sens et sous un autre rapport que quand nous le regardons comme soumis, en tant que partie de la nature, aux lois de cette nature même, et que non seulement ces deux choses peuvent fort bien aller ensemble, mais qu'elles doivent même être conçues *comme nécessairement unies* dans le même sujet, puisqu'autrement on ne verrait pas pourquoi nous chargerions la raison d'une idée qui, bien qu'elle se laisse unir sans contradiction avec une autre idée suffisamment établie, nous jette pourtant en des difficultés qui embarrassent très fort la raison dans son

usage théorique. Mais ce devoir est seulement celui de la philosophie spéculative, qui doit ouvrir par là un chemin à la philosophie pratique. Le philosophe n'a donc pas le choix de lever ou de négliger cette apparente contradiction ; car, dans ce dernier cas, la théorie laisse ici un *bonum vacans* dont le fataliste a le droit de s'emparer, et d'où il peut chasser toute morale, comme d'une prétendue propriété qu'elle possède sans titre.

[24] Cependant, on ne peut pas dire encore que nous soyons arrivés ici aux limites de la philosophie pratique. En effet, celle-ci n'a pas compétence dans ce débat ; elle demande seulement à la raison spéculative de mettre fin à ce différend, où elle se voit elle-même embarrassée par des questions théoriques, afin que la raison pratique trouve repos et sécurité devant les attaques extérieures, qui pourraient lui disputer le terrain sur lequel elle veut s'établir.

[25] Mais le droit, que s'attribue légitimement même la raison humaine commune, de prétendre à la liberté de la volonté, se fonde sur la conscience et sur la supposition admise de l'indépendance de la raison par rapport aux causes purement subjectives de détermination, qui ensemble constituent ce qui appartient à la pure sensation, ou ce qu'on désigne sous le nom général de sensibilité. L'homme, qui se considère ainsi comme une intelligence douée de volonté, et, par conséquent, de causalité, se place par là dans un tout autre ordre de choses, et se met en rapport avec des principes de détermination d'une tout autre espèce que quand il se perçoit comme phénomène dans le monde sensible (ce qu'il est aussi en effet) et qu'il soumet sa causalité, quant à la détermination extérieure, aux lois de la nature. Or, il remarque aussitôt que l'un et l'autre peuvent et doivent même aller ensemble. En effet, qu'une chose soit soumise à certaines lois *en tant que*

phénomène (en tant qu'appartenant au monde sensible) et qu'elle soit indépendante de ces mêmes lois, en tant que *chose* ou être *en soi*, il n'y a pas la moindre contradiction ; et que l'homme doive se représenter et se concevoir de cette double manière, c'est ce qui se fonde, d'un côté, sur la conscience qu'il a de lui-même comme d'un objet affecté par des sens, et, de l'autre, sur la conscience qu'il a aussi de lui-même comme d'une intelligence, c'est-à-dire comme d'un être indépendant, dans l'emploi de sa raison, des impressions sensibles (et, par conséquent, appartenant au monde intelligible).

[26] De là vient que l'homme s'attribue une volonté qui ne souffre pas qu'on mette rien à son compte qui appartient simplement à des désirs ou des inclinations, et qui au contraire conçoit comme possibles par elle, et même comme nécessaires, certaines actions qui ne peuvent être accomplies qu'au mépris de tous les désirs et de tous les attraits sensibles. Leur causalité réside en lui en tant qu'intelligence, et dans les lois des effets et des actions considérées d'après les principes d'un monde intelligible, dont il ne sait rien de plus sinon que la raison, la raison pure, la raison indépendante de la sensibilité, y donne seule la loi puisque c'est par là seulement qu'il est le véritable moi (au contraire, comme homme, il n'est que le phénomène de lui-même) ; ces lois s'adressent à lui immédiatement et catégoriquement, de telle sorte que tout ce à quoi le poussent les inclinations et les penchants (par conséquent toute la nature du monde sensible) ne peut porter atteinte aux lois de sa volonté, considérée comme intelligence. Bien plus, il n'assume même pas la responsabilité de ces inclinations et de ces penchants, et il ne les attribue pas à son véritable moi, c'est-à-dire à sa volonté ; il ne s'impute que de la complaisance qu'il montre à leur endroit lorsqu'il leur laisse prendre de

l'influence sur ses maximes, au préjudice des lois rationnelles de la volonté.

[27] En entrant ainsi par la pensée dans un monde intelligible, la raison pratique ne sort pas de ses limites, comme si elle voulait y entrer pour s'y apercevoir, s'y sentir. Cette conception est purement négative par rapport au monde sensible, qui, dans la détermination de la volonté, ne donne point de lois à la raison ; et elle n'est positive qu'en ce seul point, que cette liberté, comme détermination négative, est liée en même temps à une faculté (positive) et même à une causalité de la raison que nous nommons une volonté, à la faculté d'agir de telle sorte que le principe des actions soit conforme à l'essence même d'une cause rationnelle, c'est-à-dire à la condition de la validité universelle de la maxime comme loi. Que si la raison cherchait en outre à tirer du monde intelligible un *objet de la volonté*, c'est-à-dire un mobile, elle sortirait de ses limites, et se flatterait de connaître quelque chose dont elle ne sait rien. Le concept d'un monde intelligible n'est donc qu'un *point de vue*, que la raison se voit forcée de prendre en dehors des phénomènes, pour *se concevoir elle-même comme pratique*, ce qui ne serait pas possible si la sensibilité exerçait sur l'homme une influence déterminante, mais ce qui est nécessaire si on ne doit pas lui refuser la conscience de lui-même en tant qu'intelligence, par conséquent en tant que cause rationnelle et agissant par la raison, c'est-à-dire en tant que cause produisant son effet librement. Sans doute cette pensée nous apporte-t-elle l'idée d'un ordre de choses et d'une législation autres que ceux du mécanisme naturel, qui se rapporte au monde sensible, et elle rend nécessaire le concept d'un monde intelligible (c'est-à-dire le tout des êtres raisonnables, en tant que choses en soi), mais sans prétendre aucunement aller au-delà de la condition *formelle*, c'est-à-dire de l'universalité des maximes de la volonté comme lois, par

conséquent l'autonomie de cette faculté, qui seule peut s'accorder avec sa liberté, tandis qu'au contraire toutes les lois qui sont déterminées par leur rapport à un objet donnent une hétéronomie, qui ne peut se rencontrer que dans les lois de la nature et ne regarde que le monde sensible.

[28] Mais où la raison transgresserait toutes ses limites, ce serait si elle entreprenait de *s'expliquer comment* une raison pure peut être pratique, question qui reviendrait à chercher à expliquer *comment la liberté est possible*.

[29] En effet, nous ne pouvons expliquer que ce que nous pouvons ramener à des lois dont l'objet peut être donné dans quelque expérience possible. Or la liberté est une pure idée, dont la réalité objective ne peut en aucune manière être montrée d'après des lois de la nature, ni, par conséquent, dans aucune expérience possible, et qui, ne trouvant d'exemple par aucune analogie, ne peut jamais par cela même être comprise, ni même seulement aperçue. Elle n'a d'autre valeur que celle d'une supposition nécessaire de la raison dans un être qui croit avoir conscience d'une volonté, c'est-à-dire d'une faculté bien différente de la simple faculté de désirer (la faculté de se déterminer à agir comme intelligence, et, par conséquent, suivant des lois de la raison et indépendamment des instincts naturels). Or là où cesse une détermination d'après les lois de la nature, là cesse aussi toute explication, et tout ce qu'on peut faire, c'est de se tenir sur la défensive, c'est-à-dire d'écarter les objections de ceux qui, prétendant avoir pénétré plus profondément dans l'essence des choses, tiennent hardiment la liberté pour impossible. On peut en effet du moins leur montrer en quoi consiste la contradiction qu'ils prétendent découvrir ici : pour faire valoir la loi de la nature quant aux actions humaines, il leur fallait considérer l'homme nécessaire-

ment comme phénomène ; et puis, lorsqu'on leur demande de le penser, en tant qu'intelligence comme être en soi, ils devaient continuer de le considérer comme phénomène ; or, pour qui ne sort pas de ce point de vue, il y a sans doute contradiction à séparer dans un seul et même sujet la causalité de l'homme (c'est-à-dire sa volonté) de toutes les lois naturelles du monde sensible, mais cette contradiction disparaîtrait pour eux, s'ils voulaient bien réfléchir et reconnaître, comme il est juste, que derrière les phénomènes il doit y avoir, comme fondement même de ces phénomènes, les choses en soi (quoique cachées), et qu'on ne peut exiger que les lois de leurs opérations soient identiques à celles auxquelles sont soumis leurs phénomènes.

[30] L'impossibilité subjective d'*expliquer* la liberté de la volonté est la même que celle de découvrir et de comprendre comment l'homme peut prendre un intérêt[1] à des lois morales. Et pourtant il y prend bien certainement un intérêt, dont nous trouvons le fondement en nous-mêmes dans ce que nous appelons le sentiment moral, sentiment que quelques philosophes ont faussement présenté comme la mesure de nos jugements moraux, car on doit plutôt le considérer comme l'effet

---

1. On appelle intérêt ce qui fait que la raison devient pratique, c'est-à-dire devient une cause déterminant la volonté. Aussi les êtres raisonnables sont-ils les seuls dont on dise qu'ils prennent intérêt à quelque chose ; des créatures privées de raison éprouvent seulement des impulsions sensibles. La raison ne prend un intérêt immédiat à une action que quand la validité universelle de la maxime de cette action est un principe de détermination suffisant pour la volonté. Cet intérêt est le seul qui soit pur. Mais, quand elle ne peut déterminer la volonté qu'au moyen d'un autre objet du désir, ou qu'en supposant un sentiment particulier dans le sujet, la raison ne prend alors à l'action qu'un intérêt médiat, et, comme elle ne peut découvrir par elle-même ni sans le secours de l'expérience ni les objets de la volonté, ni le sentiment particulier qui soit fondement de celle-ci, ce dernier intérêt ne peut être qu'empirique et non un intérêt purement rationnel. L'intérêt logique de la raison (qui s'attache au développement de ses vues) n'est jamais immédiat, mais il présuppose les buts que vise son usage.

subjectif que la loi produit sur la volonté, et dont la raison seule fournit les fondements objectifs.

[31] Pour qu'un être raisonnable, mais sensible, puisse vouloir ce que la raison seule lui prescrit comme un devoir, il faut sans doute qu'elle ait le pouvoir de lui *inspirer* un sentiment de plaisir ou de satisfaction lié à l'accomplissement du devoir, et, par conséquent, il faut qu'elle ait une causalité qui consiste à déterminer la sensibilité conformément à ses principes. Mais il est absolument impossible d'apercevoir, c'est-à-dire de comprendre *a priori* comment une pure idée, qui ne contient elle-même rien de sensible, produit un sentiment de plaisir ou de peine ; car c'est là une espèce particulière de causalité dont nous ne pouvons, comme cela est vrai aussi de toute autre, absolument rien déterminer *a priori*. Mais à ce sujet il faut seulement interroger l'expérience ; or l'expérience ne peut nous fournir un rapport de cause à effet qu'entre deux objets d'expérience, et ici la raison pure doit être, par de pures idées (qui ne donnent aucun objet pour l'expérience), cause d'un effet, qui tombe assurément dans l'expérience ; d'où il suit qu'il nous est absolument impossible, à nous autres hommes, d'expliquer pourquoi et comment *l'universalité de la maxime comme loi*, par conséquent la moralité, nous intéresse. Il est certain seulement qu'elle n'a pas de valeur pour nous *parce qu'elle nous intéresse* (car ce serait là de l'hétéronomie, et la raison pratique dépendrait de la sensibilité, c'est-à-dire d'un sentiment qui serait son fondement, de sorte qu'elle ne pourrait jamais fournir une législation morale), mais qu'elle nous intéresse parce qu'elle a de la valeur pour nous en tant qu'homme, puisqu'elle a sa source dans notre volonté comme intelligence ; et, par conséquent, dans notre véritable moi ; or la raison subordonne nécessairement à la nature de la chose en soi ce qui appartient au monde des phénomènes.

[32] Ainsi, à la question de savoir comment un impératif catégorique est possible, tout ce qu'on peut répondre, c'est qu'on peut indiquer la seule supposition qui le rend possible, c'est-à-dire l'idée de la liberté, et en même temps apercevoir la nécessité de cette supposition ; et cela suffit pour *l'usage pratique* de la raison, c'est-à-dire pour nous convaincre de *la valeur* de cet impératif, et, par conséquent aussi, de la loi morale ; mais quant à savoir comment cette supposition elle-même est possible, c'est ce qui est au-dessus de toute raison humaine. Une fois supposée la liberté de la volonté d'une intelligence, l'*autonomie* de cette volonté, comme condition formelle sous laquelle seule elle peut être déterminée, est une conséquence nécessaire. Et il n'est pas seulement tout à fait possible (comme peut le montrer la philosophie spéculative) de supposer cette liberté de la volonté (sans se mettre en contradiction avec le principe de la nécessité naturelle dans la liaison des phénomènes du monde sensible), mais il est *nécessaire* aussi, sans autre condition, pour un être raisonnable qui a conscience de sa causalité par la raison, par conséquent, d'une volonté (distincte des désirs), de l'admettre pratiquement, c'est-à-dire en idée, comme la condition de tous ses actes volontaires. Mais, maintenant, comment la raison pure peut-elle être pratique pour elle-même, sans autres mobiles, c'est-à-dire comment le simple *principe de la validité universelle de toutes ses maximes comme lois* (lequel serait à coup sûr la forme d'une raison pure pratique) peut-il, sans aucune matière (aucun objet) de la volonté, à quoi on puisse déjà prendre quelque intérêt, fournir pour lui-même un mobile, et produire un intérêt qu'on pourrait dire purement *moral*, ou, en d'autres termes, comment *la raison pure peut être pratique*, c'est ce qu'aucune raison humaine n'est en rien capable d'expliquer, et ce serait peine perdue que de chercher cette explication.

[33] C'est exactement comme si je cherchais à expliquer comment la liberté même est possible comme causalité d'une volonté. Car ici j'abandonne le principe d'explication philosophique, et je n'en ai point d'autre. Je pourrais, il est vrai, me lancer à l'aventure dans le monde intelligible, qui me reste encore, dans le monde des intelligences, mais, quoique j'en aie une *idée*, qui est bien fondée, je n'en ai pourtant pas la moindre *connaissance*, et, quelque effort que fasse ma raison, avec toute sa puissance naturelle, je ne puis espérer d'en obtenir jamais aucune. Il ne signifie pour moi qu'un quelque chose qui reste, lorsque j'ai retranché, du nombre des principes qui peuvent déterminer ma volonté, tout ce qui appartient au monde sensible, de façon à restreindre le principe des mobiles issus du champ de la sensibilité, en limitant ce champ et en montrant qu'il ne comprend pas tout en lui, et qu'en dehors de lui il y a encore quelque chose ; mais ce quelque chose, je ne le connais pas davantage. De la raison pure, qui pense cet idéal, il ne me reste, après avoir fait abstraction de toute matière, c'est-à-dire de la connaissance des objets, autre chose que la forme, c'est-à-dire la loi pratique de la validité universelle des maximes, et je ne peux rien d'autre que penser conformément à cette loi la raison comme cause efficiente possible dans un monde purement intelligible, c'est-à-dire comme cause déterminant la volonté ; ici le mobile doit manquer entièrement, à moins que cette idée d'un monde intelligible ne soit elle-même le mobile, ou ce à quoi la raison prend originairement un intérêt ; mais l'explication de cela est précisément le problème que nous ne pouvons résoudre.

[34] Nous touchons ici à la dernière limite de toute recherche morale. Il était de la plus haute importance de la fixer, afin d'empêcher la raison, d'une part, de chercher çà et là dans le monde sensible, au préjudice de la moralité, le principe suprême de détermination

et un intérêt compréhensible mais empirique, et, d'autre part, d'agiter inutilement ses ailes, sans pouvoir changer de place, dans l'espace, vide pour elle, de concepts transcendants qu'on appelle le monde intelligible, et de se perdre au milieu des chimères. D'ailleurs, l'idée d'un monde intelligible pur, considéré comme un tout de toutes les intelligences, auquel nous appartenons nous-mêmes, en tant qu'êtres raisonnables (quoique nous soyons aussi par un autre côté membres du monde sensible), reste toujours une idée utile et légitime pour une croyance rationnelle, quoique tout savoir cesse aux limites de ce monde, car, par l'idéal magnifique d'un règne universel des *fins en soi* (des êtres raisonnables), dont nous pouvons nous considérer comme membres, si nous avons soin de nous conduire d'après les maximes de la liberté, comme si elles étaient des lois de la nature, cette idée excite en nous un intérêt vivant pour la loi morale.

Remarque finale.

[35] L'usage spéculatif de la raison *par rapport à la nature* conduit à la nécessité absolue de quelque cause suprême *du monde* ; l'usage pratique de la raison à l'égard de *la liberté* conduit aussi à une nécessité absolue, mais seulement à celle *des lois des actions* d'un être raisonnable comme tel. Or c'est un *principe* essentiel de tout usage de notre raison de pousser sa connaissance jusqu'à la conscience de sa *nécessité* (autrement, en effet, ce ne serait pas une connaissance de la raison). Mais la même raison est soumise aussi à une *restriction* qui n'est pas moins essentielle ; c'est qu'elle ne peut apercevoir la *nécessité* ni de ce qui est ou arrive, ni de ce qui doit arriver, sans que soit posé comme fondement une *condition*, sous laquelle cela est, arrive ou doit arriver. Mais, de cette manière, en remontant toujours de condition en condition, la satisfaction de la raison ne peut qu'être sans cesse ajournée.

C'est pourquoi elle cherche sans relâche le nécessaire inconditionnel, et elle se voit forcée de l'admettre, sans aucun moyen de se le rendre compréhensible, trop heureuse si elle peut seulement découvrir le concept qui s'accorde avec cette supposition. On ne peut donc reprocher à notre déduction du principe suprême de la moralité de ne pouvoir faire comprendre la nécessité absolue d'un principe pratique inconditionnel (tel que doit être l'impératif catégorique), mais c'est à la raison humaine, en général, qu'il faudrait s'en prendre. Comment en effet la blâmer de ne vouloir pas l'expliquer au moyen d'une condition, c'est-à-dire de quelque intérêt posé comme fondement, puisqu'alors ce ne serait pas une loi morale, c'est-à-dire une loi suprême de la liberté ? Et ainsi, si nous ne comprenons pas la nécessité pratique inconditionnelle de l'impératif moral, nous comprenons du moins son *incompréhensibilité*, et c'est tout ce qu'on peut exiger raisonnablement d'une philosophie qui s'efforce d'aller dans les principes jusqu'aux limites de la raison humaine.

Commentaire
des
FONDEMENTS DE LA MÉTAPHYSIQUE DES MŒURS
de
Kant

AVERTISSEMENT

Celui-là encore ne possède qu'une vertu fantastique, qui n'admet point de choses indifférentes à la moralité, qui jonche tous ses pas de devoirs, comme d'autant de chausse-trappes, et qui ne trouve pas insignifiant que l'on se nourrisse de viande ou de poisson, de bière ou de vin, quand on se trouve bien de l'un et de l'autre. Introduire de telles minuties dans la doctrine de la vertu, c'est en faire dégénérer l'empire en tyrannie. (Doctrine de la vertu, Introduction, XVII).

Il y a toujours quelque outrecuidance à écrire sur la morale, et, pis encore, à prétendre l'enseigner. Aussi est-ce une erreur de croire que la philosophie puisse instruire de ses devoirs la conscience commune. Tout au plus peut-elle exposer de façon explicite ce que d'une certaine façon chacun sait déjà, puis distinguer avec soin les concepts en jeu et en chercher le fondement. En ce sens du moins, l'intérêt de la philosophie est d'abord spéculatif.

Il était assurément possible, il ne nous a pas paru souhaitable de substituer au texte illustre un exposé entièrement ordonné et clair, car ç'eût été prendre les embarras de Kant pour des maladresses qu'il aurait pu lui-même éviter. Les tâtonnements, quand ils tiennent à la difficulté propre d'une question philosophique, ne sont pas des imperfections dont on doive rougir. Un enseignement qui voudrait les effacer serait un enseignement mort. En particulier, les hésitations du vocabulaire tiennent à la nature même de la philosophie qui, à la différence des mathématiques, ne peut pas commencer par des définitions, mais doit attendre d'avoir élucidé ses concepts pour être en mesure de les mieux déterminer. Et puis, s'agissant de fonder les mœurs, il apparaît vite que l'intelligibilité est en raison inverse de la certitude et que c'est paradoxalement le plus certain qui est le moins facile à comprendre. On aura beaucoup fait quand on aura pu montrer pourquoi.

Mais une autre difficulté ne cesse de conduire l'auteur à

des répétitions ou à des corrections. Ces *Fondements*[1] sont d'abord une analyse qui, partant de la conscience commune de la moralité, tend à s'élever à sa connaissance philosophique, mais cette analyse rencontre en chemin les préjugés vivaces qui, il est vrai, sont moins ceux du sens commun que ceux des académies. Aussi faut-il voir dans ce petit livre un avertissement réitéré : pour que la difficulté des questions philosophiques ne nous livre pas sans défenses aux sirènes de l'empirisme, la philosophie doit veiller sans relâche à réaffirmer ses prérogatives. Kant a le sentiment de mener un combat philosophique exigeant de contre-attaquer sans désemparer un adversaire qui saisit la moindre occasion de regagner du terrain.

On peut donc lire ces *Fondements* comme la réfutation, anticipée seulement en apparence, de toutes les objections qui seront opposées à la fabuleuse « morale de Kant ». Il faudrait s'étonner de tant de perspicacité si du moins ces objections devaient tenir à l'ingéniosité de contradicteurs dont certains ne manqueront pas de talent ; mais elles étaient d'avance inscrites dans la nature humaine. Il est, en effet, dans notre nature de résister aux plus simples évidences, ou plutôt de biaiser pour éviter la rigueur du vrai. Surtout s'agissant de morale, il est superficiel d'expliquer les grandes philosophies par les seules situations historiques : Platon, les Stoïciens ou Épicure avaient déjà essuyé les mêmes critiques qui serviront contre Kant, à peine rajeunies.

En relisant ce grand texte, il n'était donc guère possible d'oublier entièrement les jugements inexacts, plus souvent sommaires que subtils, qui ont altéré pour tant de lecteurs sa signification et sa portée. On en trouvera parfois l'écho dans ce qui suit. Mais ce sera toujours pour mieux inciter à revenir au texte même et pour tenter de dissiper, nous l'espérons, les brumes venues d'ailleurs qui continuent de l'obscurcir. Il était également difficile de ne tenir aucun compte des développements ultérieurs de la philosophie pratique pour lesquels ces *Fondements* ont valeur de préface, car ils nous aident souvent à éviter des erreurs et à voir plus loin. Mais

---

[1]. Les *Fondements de la métaphysique des mœurs* furent publiés en 1785 entre les deux éditions (1781, 1787) de la *Critique de la raison pure*. La *Critique de la raison pratique* fut publiée en 1788.

il fallait aussi respecter l'originalité philosophique d'un texte qui nous donne l'exemple d'une recherche en acte et, à ce titre du moins, peut se suffire à lui-même.

Il ne nous a pas paru nécessaire de répéter le nom de Kant tout au long du commentaire. Sans doute est-il permis de trouver étrange qu'à la suite de l'œuvre même on présente un autre texte qui peut en paraître le double incertain ou superflu. On s'en excusera en précisant qu'un commentaire n'est rien d'autre qu'un enseignement. Or de même qu'on ne peut enseigner les mathématiques qu'en mathématicien, on ne doit enseigner la philosophie qu'en philosophe. Il en est encore ainsi quand on lit un philosophe. Car ce que Kant a bien pu penser en 1785, si ce n'était plus rien pour nous, relèverait de la seule compilation. Mais si nous pouvons aujourd'hui plus que jamais accéder à cette pensée et nous instruire par la méditation du texte qui la porte, alors seulement il devient possible que notre lecture serve à quelque chose.

Sans doute un commentaire ne peut-il ignorer le langage et le style propres de l'auteur. Mais l'épreuve de vérité pour une pensée philosophique, c'est de pouvoir se dire de plusieurs façons, de ne pas être indissociable d'un langage. Prétendre qu'un auteur est trop profond pour que sa pensée puisse être dite dans la langue commune, c'est avouer que ce n'est rien. Ajoutons qu'un commentaire n'est jamais qu'un essai laissant subsister l'œuvre dans son indépendance et ainsi offerte à des lectures nouvelles. Nous ne sommes pas dispensés de parler ensuite en notre nom, car c'est cela être philosophe ; mais il faut suivre d'abord le travail d'école qui peut nous permettre de le devenir.

PRÉFACE

Cette PRÉFACE *situe la morale ou métaphysique des mœurs dans l'ensemble de la philosophie. Comparée à la métaphysique de la nature (tout effet a une cause) qui s'applique à l'expérience, la métaphysique des mœurs (je dois dire la vérité) a pour objet non pas ce qui arrive, mais ce qui doit arriver. Elle exclut donc tout emprunt à la connaissance empirique de l'homme qu'on appelle anthropologie.*

Ce livre ne contient pas une morale ; d'ailleurs, il ne le pouvait pas, de sorte que « la morale de Kant » est pour le moins une expression malheureuse, même comme clause de style. Il ne le pouvait pas, car la philosophie critique ne se propose pas d'inventer — il n'y a pas d'invention en morale —, mais seulement de comprendre, de justifier et, s'il se peut, de fonder. Ce serait donc mal lire que de chercher ici des thèses que l'auteur voudrait nous faire partager comme s'il allait de soi que chacun de nous ait son opinion personnelle sur la morale. Les grands philosophes ont en général moins de prétention que leurs commentateurs ou leurs critiques. On sait que Descartes, se félicitant d'avoir eu la chance de rencontrer la méthode naturelle à la raison humaine, se contente de nous en faire part. De même ici, il n'est pas question de chercher cette morale originale qui aurait fait la gloire de son auteur et servi de cible à ses successeurs. Car son propos n'est pas de poser dogmatiquement des principes de morale ou de tirer la morale d'une doctrine déjà constituée, mais plutôt de chercher à clarifier et à comprendre la morale universelle depuis toujours présente dans la conscience commune. Une telle recherche se présente nécessairement comme un dialogue de la pensée avec elle-même, de sorte que nous n'avons qu'à suivre le texte de page en page pour la prendre à notre compte. Elle rencontre, chemin faisant, des concepts et des questions philosophiques dont on apprendra pourquoi elles ne peuvent pas toujours être entièrement élucidées.

La science pour l'essentiel n'étant plus à inventer, reste à savoir comment elle est possible et jusqu'où peut aller la connaissance humaine en général, ce qui appelle l'examen systématique de nos facultés, autrement dit une *Critique de la raison pure* spéculative. De même, la moralité étant de tous les jours et dans les mœurs mêmes, au moins sous la forme d'un simple jugement, mais irrécusable, il faut encore la reconnaître et la sauver du mélange quotidien où elle se perd, chercher ce qu'elle peut bien être en elle-même et sur quel principe elle se fonde. Les hommes en général attendent de la morale qu'elle leur dise ce qu'il faut faire. Mais la philosophie ne donne d'ordre ni de conseil à personne. Il s'agit non pas d'enjoindre, de prescrire, mais de comprendre, non pas d'édicter des normes, mais d'analyser, non pas de moraliser, mais de philosopher.

Une entreprise métaphysique (§§ 1 à 6)

Si l'on veut situer la morale dans l'ensemble de la philosophie — et c'est bien l'objet de cette Préface —, l'on s'aperçoit d'abord qu'elle ne peut pas être mise en parallèle avec la logique, comme on fait couramment, car, si la seconde est formelle par absence d'objet, la première a véritablement un contenu : les lois de la liberté. La logique est une connaissance formelle en ce qu'elle traite des règles et opérations de la pensée en général, vide de tout contenu ou, si l'on veut, quel qu'en soit l'objet. Au contraire, physique et éthique, pour suivre la division des anciens philosophes, portent effectivement sur des objets puisqu'elles exposent, l'une les lois de la *nature*, l'autre les lois de la *liberté*. Nous disons donc qu'elles ont un contenu, ce que signifie l'adjectif *matériel* par opposition à *formel*. De telles connaissances doivent sans doute leurs progrès à l'expérience ; encore faut-il qu'avant toute expérience elles soient possibles en vertu de concepts qui, eux, ne doivent rien à l'expérience, ne relevant que de l'entendement et de la raison. La philosophie commence quand on a surmonté le préjugé selon lequel l'expérience seule fournit un contenu. Par exemple, si je n'avais pas d'abord le concept de causalité, aucune expérience pour moi ne serait possible, car je ne pourrais même pas me représenter la succession réglée des phénomènes. Or une connaissance par concepts purs, c'est-à-dire indépendants de l'expérience, s'appelle *métaphysique*. Par ce mot, il ne faut pas entendre ici un système dogmatique, par exemple une doctrine de l'être en soi dont pourrait être déduite une morale. En effet, la possibilité d'une métaphysique dogmatique a été formellement exclue par la *Critique de la raison pure*[1]. On entendra donc par métaphysique l'analyse régressive ou encore la *critique* qui, la moralité étant donnée — car elle n'est nullement à chercher —, s'élève jusqu'aux conditions qui la rendent possible et en sont la justification rationnelle. Or il existe une métaphysique de la nature : sa partie *transcendantale*, dégageant — c'est le sens même du mot — les conditions *a priori* de possibilité d'une nature qui soit l'objet d'une science positive, a été exposée dans la *Critique de la raison pure* spéculative. Il faut maintenant établir une métaphysique de la moralité « contenant les principes qui la déterminent *a priori* et rendent nécessaires *le faire et le ne pas faire* »[2]. Cette métaphysique des mœurs n'est rien d'autre que la morale pure.

L'entreprise est à cent lieues d'une morale générale résultant d'inductions à partir de ce que nous pouvons savoir par expérience de la nature humaine et des conditions psychologiques de la volonté. Il suffit de se rappeler — mais l'a-t-on toujours compris ? — que la *Critique de la raison pure* n'est pas elle-même une épistémologie générale obtenue à partir de ce que nous apprend l'état présent de la science, ou même son histoire. Sans doute faut-il que la science existe pour qu'on se demande comment elle est possible, mais la réponse à la question ne peut en rien être fournie par la description des modalités empiriques de la science constituée et pratiquée. On ne le sait que trop : l'épistémologie contemporaine n'est pas sur le chemin d'une nouvelle critique de la raison pure. C'est d'ailleurs parce que la question posée par la critique est la question du droit, la question juridique de la possibilité, que l'analyse philosophique peut s'y exercer à partir des exemples scientifiques les plus simples. Mais la question du droit peut être oubliée : on l'a bien vu lorsque les nouveaux physiciens se sont mis à croire à la fantaisie des corpuscules au lieu de se demander si un changement peut bien se produire de lui-même dans la nature sans que rien n'ait précédé. Une question comparable, une question de droit, se pose à propos de la morale. Sans doute n'y a-t-il pas symétrie parfaite entre la raison théorique et la raison

---

[1]. *Critique de la raison pure*. Préface de la deuxième édition, p. 20, et la Dialectique transcendantale.
[2]. *Ibid.*, p. 563.

pratique, car celle-ci ne part pas d'un fait d'expérience, à proprement parler, mais de ce qu'il faudra appeler plus tard un *fait de raison*[1]. Il reste que la morale est un fait, disons métaphysique, sous la forme du jugement qu'on trouve, même caché, dans la conscience commune. Entendons bien que ce fait consiste uniquement dans le jugement, car nous ne savons pas si un seul acte moral a jamais été accompli dans le monde. Il ne s'agit donc pas d'inventer la moralité, mais seulement de l'élucider, de chercher comment elle est possible, comment elle peut obliger et ce qui la fonde. Cette entreprise entièrement *a priori*, puisqu'elle ne peut en rien prendre appui sur l'expérience, celle-ci pût-elle se parer du nom de science comme c'est aujourd'hui le cas des sciences humaines, aboutit à une *métaphysique des mœurs*, dont ces *Fondements* sont la préface, et qui doit trouver son exposé systématique dans une *Critique de la raison pratique*.

Le philosophe est alors tenté de dire : à chacun son métier, au risque d'affronter les railleries d'auteurs préférant aujourd'hui comme hier chercher l'originalité et l'efficacité dans l'amalgame entre la philosophie et ce qui n'est pas elle. En philosophie morale, il faut maintenir que le point de départ n'est pas la nature humaine, que la méthode n'est pas l'analyse psychologique. Mais bien plutôt, s'agissant de physique ou d'éthique, il importe de savoir une bonne fois ce dont la raison est capable et sur quoi elle se fonde. Il n'est pas interdit à l'armée des moralistes de s'atteler à cette tâche rigoureuse ; mais combien sont-ils prêts à y mettre le prix ?

Incompétence de l'anthropologie (§§ 6 à 8)

On se méprend sur la signification de la morale quand on la met à la remorque d'une science des mœurs faite de données empiriques collectées sous le titre général d'anthropologie[2]. La philosophie n'a rien à attendre d'enquêtes savantes et laborieuses quand elle a elle-même immédiatement sous les yeux son objet. C'est d'ailleurs grâce à une sorte de sagesse préalable que ses détracteurs croient

---

[1]. On trouvera l'expression dans la *Critique de la raison pratique*, trad. Picavet (P.U.F., p. 30, etc.).
[2]. L'anthropologie véritable, au contraire, suppose la philosophie. C'est à la fin de sa carrière, en 1798, que Kant publiera son *Anthropologie du point de vue pragmatique*.

tantôt naïve, tantôt perverse, qu'à chaque grande époque depuis Socrate la philosophie ne cesse de renaître par delà toutes les sophistiques. Le dernier philosophe en date qui ait accompli une telle renaissance, c'est celui, seul de son temps et pour cela même sérieusement persécuté, qui se mit à douter de la contribution des lumières au progrès moral de l'humanité. L'homme le plus humble, le moins savant, en sait autant qu'un autre sur la conduite à tenir quand, par exemple, il faut choisir entre la véracité et le mensonge. Sans doute même est-il moins tenté que d'autres par les subtilités qui peuvent servir à conforter la bonne conscience. En ce sens, Rousseau[1], dont la lecture oriente résolument vers le primat de la raison pratique, pouvait à bon droit tenir la conscience immédiate pour infaillible.

Ajoutons cependant qu'on emprunterait une voie incertaine si l'on en restait à une sorte d'humanisme d'après lequel la loi morale vaut pour les hommes seulement en raison de leur nature propre. Il ne s'agit pas naturellement d'imaginer des anges ou des êtres extra-terrestres au séjour éthéré. Mais — et c'est là le point décisif — si l'homme se réfère à la raison, celle-ci ne peut se penser elle-même comme relative à l'homme seulement. Il faut donc éviter le faux pas consistant à substituer au sujet moral la subjectivité psychologique, à prétendre comme Protagoras que l'homme est mesure de toutes choses, c'est-à-dire de toutes les valeurs. Je dois concevoir le commandement de dire la vérité comme valant pour tout être doué de raison, en laissant de côté ce qui appartient en propre à l'homme, à savoir des désirs, des passions, une aspiration générale au bonheur. Cette universalité absolue de la loi morale, qui vaut pour tout être raisonnable en général, nous fait mieux comprendre l'inanité des tentatives pour donner à la morale une base anthropologique. Rien de ce qu'on peut apprendre de l'homme, soit comme individu empirique, soit comme être social, ne peut avoir la moindre influence sur la certitude morale. Celle-ci n'a pas à être expliquée comme l'effet d'une cause extérieure, par conséquent antérieure, mais demande simplement à être fondée en raison sans égard à l'ordre du temps[2]. Dans le temps, on

---

1. « Profession de foi du vicaire savoyard », dans *Émile ou De l'éducation*, IV, Pléiade, pp. 600-601 : « Conscience...juge infaillible du bien et du mal. »
2. *Critique de la raison pratique* : Examen critique de l'Analytique, p. 95 sq.

recherche les causes ; or il s'agit ici de fondement. Il faut donc tenir ferme que la morale n'est pas une science de l'homme. Le principe de l'obligation qui s'applique à l'homme ne dérive pas de la connaissance de ce qu'il est, mais des concepts de la raison pure. L'homme n'est pas fait pour être décrit comme un objet, mais pour dicter des lois. On distinguera naturellement entre l'application que peut instruire l'expérience et la conscience de la moralité, qui ne lui doit absolument rien. Ce ne serait pas une morale, celle qui vaudrait seulement pour ce monde-ci.

Conscience commune et philosophie (§ 9)

Tout peut se résumer ainsi : ce qui est n'est pas la règle de ce qui doit être. Il en résulte que, si la morale se réfère à un monde, ce n'est certainement pas à celui-ci. Nous voilà loin des moralistes, comme des pédagogues de la socialisation et de l'adaptation. Toutefois — mais c'est une tout autre affaire —, si l'expérience n'apprend pas à juger, elle donne au jugement l'occasion de s'exercer et, par suite, de s'aiguiser. Juger consiste, en effet, à reconnaître de façon concrète le cas qui tombe sous le concept ou la règle[1]. L'expérience peut alors nous permettre de nous fortifier et nous mettre en garde contre les risques de confusion que multiplient les sollicitations affectives. Mais une métaphysique propre à dégager dans la raison pure la source des principes moraux n'en est que plus nécessaire. Et elle n'est pas seulement nécessaire pour répondre au besoin spéculatif ; elle l'est encore pour fournir une règle sûre au jugement moral. Tant qu'on n'a pas pensé à part le principe de la moralité, on reste exposé à toutes sortes d'erreurs et de corruptions. En particulier, on peut être tenté de se satisfaire d'une conformité tout extérieure à la loi morale. Il faut donc apprendre à distinguer à coup sûr la moralité effective d'une moralité d'apparence, une moralité attachée à une certitude intérieure d'une moralité factice ou aléatoire. Si la conscience commune dans le sujet individuel se consultant librement lui-même — à la différence de l'opinion publique qui est collective et soumise aux influences — est infaillible, on ne peut certes l'amener à mieux juger, mais il est possible de l'amener

---

1. *Critique de la raison pure* : Du jugement transcendantal en général, pp. 148-149.

à mieux discerner le principe de ses jugements. L'homme ordinaire sait fort bien à quoi s'en tenir ; il comprend le principe de la moralité, mais mélangé à d'autres considérations. L'effort de clarification consistant à défaire cet amalgame est un service que la philosophie rend à la moralité. Cet éminent bienfait de la pure philosophie, ou métaphysique, doit précéder toute philosophie morale. C'est en cela que la philosophie se distingue de la connaissance rationnelle commune de la moralité. Mais, quand ce n'est pas pour démêler le rationnel de l'empirique, ce qui se donne alors pour philosophie est très au-dessous de la conscience commune dont elle tend même à aggraver la confusion, comme on le voit tous les jours. Ainsi, il est assez clair que la lucidité philosophique engage une démarche dont l'enjeu est éminemment moral.

Morale et psychologie : l'idée d'obligation (§ 10)

La morale n'est donc pas l'axiomatique des comportements humains ni la formalisation de ce qui demeurerait dans son fond empirique. La philosophie ne fait pas du formel avec du matériel pour ainsi dire sublimé, comme font couramment aujourd'hui les sciences humaines. Il est une manière redoutable de prétendre philosopher qui consiste à théoriser l'empirique en l'affublant d'une forme abstraite. La synthèse factice entre l'observation, linguistique ou ethnographique par exemple, et le formalisme des structures correspond à une tendance contemporaine qui n'est pas tout à fait une innovation. Pour ce qui nous concerne plus directement, il est essentiel de noter qu'il n'y a aucun rapport entre *la volonté pure*, objet d'une métaphysique, et *le vouloir en général*, qui est une simple abstraction à partir des modalités psychologiques les plus diverses[1]. Seule la philosophie transcendantale[2] exposant les règles de la connaissance pure possible, seule la métaphysique des mœurs examinant le principe et l'idée d'une volonté pure possible relèvent en propre de la philosophie. Il s'agit de savoir ce que l'on veut : conférer le cachet de la généralité et du formalisme à des observations empiriques n'ayant par elles-mêmes aucune

---
1. Est ici visée la *Philosophie pratique universelle* de Wolf.
2. *Transcendantal,* qui s'oppose à *empirique,* qualifie ce par quoi une connaissance *a priori* est possible.

valeur d'enseignement, ou bien mettre en œuvre les seules ressources de la raison pour savoir à quoi s'en tenir sur ce qu'elle peut dans l'ordre pratique, entendons l'ordre de l'action et de la moralité, comme la *Critique de la raison pure* a déjà pu établir ses limites dans l'ordre de la connaissance.

Car la psychologie est au-dessous du vouloir. La théorie de la volonté doit être non pas psychologique mais métaphysique. Une cause première est telle que rien ne la précède. La liberté constituante est hors nature. Mais il faut le courage de refuser les faits, de résister à la tentation d'expliquer, à la séduction des preuves. A l'institut de psychologie comme au tribunal, on argumente. Or métaphysique et morale sont sans preuves absolument, On en revient à la question qui, ici du moins, exclut toute tergiversation : être ou ne pas être. Aucun système philosophique ne répond. Mais être homme, c'est vouloir, se vouloir raison contre toutes les bonnes raisons. Car les bonnes raisons sont toujours les plus mauvaises, visant à justifier la force des choses qui n'est jamais la force de personne. Être responsable signifie, au contraire, répondre de soi. Vouloir, c'est encore juger, être son propre arbitre, être présent à soi, se porter, *valere,* valoir. La volonté est un acte du cœur : courage, dignité. La liberté est à ce prix.

La tâche philosophique la plus urgente est de veiller à la rigueur des principes, à la pureté de leur origine. La généralité des énoncés ne doit pas nous tromper sur ce point. La généralité empirique imite l'universel et l'abstraction souvent fait figure de raison. La faute majeure en philosophie est de croire qu'elle ne peut rien penser par ses seules ressources, sans aucun appui extérieur. Les auteurs ordinaires des « traités de morale » ne croient pas à la philosophie ; et d'ailleurs croire à la philosophie, c'est se sentir prêt à rassembler les forces de la pensée en vue de les mettre à l'épreuve une bonne fois pour voir ce dont elles sont capables. Toutes les enquêtes empiriques et savantes reviennent à la fin à dissoudre l'idée d'obligation, ou du moins à la caractériser de telle sorte que le moindre doute conclue à sa relativité et à sa fragilité. Nous voilà invités à ne pas suivre ces philosophes honteux qui ne voient de salut qu'en dehors de la philosophie, quand ce n'est pas pour la réduire à la pâle doublure des sciences humaines.

Il y a loin, en effet, du concept philosophique d'obligation, tiré de la raison pure, à la multitude des devoirs reconnus ici et maintenant dans la société. La plupart d'entre eux sont, par exemple, de simple convention ou de conformité. Il est une façon indiscrète d'enseigner la morale, qui aboutit à la détruire, ceux qui subissent cet enseignement n'ayant plus le choix qu'entre le conformisme et la révolte. Voilà pourquoi il est si important de se soucier de l'origine des principes et d'être intraitable sur la pureté de la philosophie. Des esprits généreux et cultivés prennent souvent cette rigueur pour de la raideur et pour de l'indisponibilité. Leur largeur d'esprit leur interdit à jamais de se douter seulement de la force propre de la réflexion pure. Ils s'en tiennent au mélange et n'acceptent la philosophie qu'à l'état de bribes éparses dans une culture puisée à toutes les sources. *A posteriori* caractérise très bien ce genre de connaissance qui s'en remet au cours du monde du soin d'instruire et de gouverner les pensées. Il faut savoir laisser à l'expérience ce qui lui revient dans l'ordre, par exemple, de la connaissance physique. Mais la pensée philosophique n'est pas une pensée à la traîne. Elle ne doit respect qu'à ses propres lois.

De l'intérêt des *Fondements* comme préface générale à la philosophie pratique (§§ 11 à 14)

La voie d'une *Critique de la raison pratique* est alors toute tracée. Si, comme on verra, loi morale et liberté ont même source, si même on peut les dire identiques, la vigilance de la critique a pour fonction essentielle de mettre en garde contre une incertaine raison qui attendrait de l'expérience les ressorts de la juridiction morale. A travers l'épreuve de la critique, la raison pratique se propose de montrer qu'elle est pure. Cette tâche philosophique est décisive. Elle était moins urgente cependant que la critique de la raison spéculative. Nous savons, en effet, que d'elle-même la conscience commune de la moralité n'incline pas à divaguer comme c'est le cas de la raison spéculative qui, même dans son usage le plus pur, est livrée à la dialectique[1], cette logique de l'ap-

---

1. La dialectique est originellement l'art du dialogue et de la discussion. Pour Aristote, elle est l'étude des raisonnements portant sur des opinions simplement probables. Pour Kant sont dialectiques les raisonnements spécieux en tant qu'ils découlent de la nature de la raison humaine. La raison est sujette à l'illusion dialectique. Mais, dans la *Critique de la raison pure, Dialectique transcendantale* désigne la critique de cette illusion.

parence. La conscience est moins exposée à l'illusion que l'esprit spéculatif. Le principe de toute rectitude ne doit pas être demandé à l'intelligence qui théorise, mais à la conscience qui oblige. D'où encore l'unité de la raison, mais aussi la hiérarchie qui, dans la raison, place la pratique au-dessus de la spéculation. La raison est, dans les deux cas, la faculté de l'inconditionné, comme justification suprême. Mais l'inconditionné, ou condition sans condition, détermine immédiatement l'action, qui n'attend pas les preuves.

Nous savons désormais que le point de départ de la morale n'est ni l'être ni le monde. Il n'est pas la soumission à l'ordre du monde visible. Être et valeur ne sont pas identiques. Il faut partir du sujet pur dont la moralité n'est conformité ni à l'être ni au monde, mais se rapporte uniquement à sa visée propre, à son principe. La morale ne consiste pas à reconnaître un ordre des choses empirique ou transcendant, mais préexistant et qui nous en imposerait. L'œuvre morale est à faire : elle est devant nous.

Une *Critique de la raison pratique* est nécessaire pour fonder la moralité, mais elle demande des développements difficiles qui viendront plus tard. De son côté, une *Métaphysique des mœurs* peut avoir une destination populaire à condition d'être allégée des préalables philosophiques les plus ardus. C'est pourquoi il est prudent de s'en tenir, pour commencer, à l'introduction que voici. Il y a d'ailleurs tout à gagner à présenter à part ces *Fondements*, qui, ainsi, sont dégagés de toute préoccupation autre que celle-ci : *établir le principe suprême de la moralité*. Non seulement cette recherche ne risque pas d'être contaminée par les questions d'application qui inclinent toujours à se détourner du principe, mais elle se présente pour ce qu'elle est : non point l'établissement d'une nouvelle morale, mais tout au plus comme une formule nouvelle de la moralité[1], si l'on entend par là l'élucidation d'un principe que l'humanité n'a jamais entièrement ignoré. Ce qui nous est proposé, c'est de comprendre une bonne fois la moralité en nous.

---

1. *Critique de la raison pratique*, Préface, p. 6, note 1.

PREMIÈRE SECTION

De la connaissance morale commune à la connaissance philosophique

Les deux premières sections suivent la méthode analytique consistant à remonter de la conscience commune jusqu'au principe sur lequel elle se règle sans le connaître distinctement.

La PREMIÈRE SECTION *se propose de passer de la conscience commune à la philosophie morale populaire. La* volonté bonne *est celle qui se tourne vers des fins universelles. Elle est la condition nécessaire de tout autre bien. La raison n'a pas pu nous être donnée pour le bonheur, mais pour la vertu qui nous en rend dignes. La contrainte inhérente au* devoir *résulte de la résistance qu'oppose notre nature à la loi morale. Le* respect *exclut de la moralité la simple conformité à la lettre de la loi : il règle directement l'action sur la forme pure de l'universalité.*

La volonté bonne (§ 1)

De la moralité la raison commune sait tout ce qu'il faut savoir, et sans apprentissage. Quand il s'agit de se conduire dans les occurrences de la vie, chacun est maître si du moins il est résolu à se consulter sans complaisance. La certitude morale est un absolu qui échappe à toute discussion, à toute démonstration. Ce qui est bon absolument, ce n'est pas une chose, un bien qu'on pourrait se procurer, une œuvre qui témoignerait d'un vrai mérite, une qualité même précieuse et spirituelle. Ce qui est bon absolument, c'est le sujet pur de tout mélange et à part de ce dont il peut, s'il veut, se séparer pour le juger ; c'est la volonté, non pas comme faculté générale relevant de conditions psychologiques, mais la volonté en acte et, mieux encore, la rectitude de sa visée propre. Ce qui est bon absolument ne peut donc pas être tel seulement dans le monde, mais doit l'être de la façon la plus universelle, car je ne peux le concevoir comme relatif aux conditions de l'espace et du temps, et d'une façon générale aux conditions de fait propres à l'humanité. Je ne peux tenir pour absolument bon que ce que tout être raisonnable, même exempt des limitations afférentes à la condition humaine, tiendrait également pour tel. Même en général hors du monde et sans restriction ne peut être estimé bon que le principe d'une volonté tournée vers des fins universelles. Est-il permis d'appeler bonne volonté ce bien pur de tout mélange ? Cette bonne volonté doit être comprise à la lettre comme une volonté bonne, signification que l'expression toute faite et familière risque fort de cacher ou d'altérer.

Les talents, les dons, la fortune (§ 2)

Si maintenant nous pouvons nous enorgueillir ou simplement nous réjouir de posséder certains biens dus à l'intelligence, au sentiment ou à la chance, nous savons pertinemment qu'aucun d'eux n'est bon absolument et que leur valeur dépend uniquement de l'usage que nous en faisons, plus rigoureusement de leur relation avec le principe de la volonté. L'homme n'est pas sans qualités. Toutefois, même les qualités qui assurent à notre action l'efficacité et le succès ne sont pas bonnes en elles-mêmes et de façon absolue. Il n'est aucun don ou talent de l'esprit, même le discernement ; il n'est aucune heureuse disposition du tempérament, même le courage, qui ne puisse être détourné des fins universelles de la volonté dont les dispositions propres s'appellent caractère. Comprenons qu'un mauvais caractère est sans doute encore un caractère, qu'il ne suffit pas toutefois que la volonté commande, qu'il faut encore qu'elle soit bonne. Car la force de la volonté n'entraîne pas la valeur de la maxime et la vertu est pouvoir, non devoir. N'allons pas jusqu'à dire que les vertus sont suspectes. Mais, enfin, ce sont des moyens et il faut toujours prendre garde à l'ambiguïté des moyens. Discernement, courage, tempérance sont de belles choses, et parfois admirables, mais ils n'appartiennent pas en propre à la moralité. Celle-ci n'a pour assise que le moi le plus intérieur, non pas les désirs, les habitudes personnelles, mais le principe même du moi, l'homme comme volonté. Or la moralité est la forme pure du vouloir, non pas sa fin ni son contenu, sa matière, mais son principe. Ici, certains lecteurs ont cru devoir dramatiser en parlant d'une conscience déchirée. Mais s'il y avait déchirement, ce devrait être d'une même étoffe. Or ce n'est pas le cas : la peur, le désir ne sont pas du même ordre que la certitude morale. Donc, nul tragique. Simplement, la conscience est un fait métaphysique signifiant que l'homme est capable d'agir véritablement de lui-même et qu'ainsi il échappe à son destin naturel. Quant aux dons de la fortune, même ceux auxquels nous tenons le plus comme la santé et le bonheur, la valeur de leur influence dépend essentiellement de la volonté. Comment pourrions-nous assister sans malaise — car il existe une peine et une satisfaction qui ne sont pas liées au simple penchant, mais à la faculté de juger — au succès répété de quelqu'un qui paraîtrait entièrement dépourvu d'une volonté droite et pure ? Le bonheur même requiert un mérite qui relève de la volonté : il faut s'en montrer digne.

Principe et résultat (§ 3)

La volonté droite est donc mesure, limite de tous nos biens, de nos vertus même. Nulle sagesse n'échappe à sa juridiction. Il ne suffit pas des qualités qui, faisant notre valeur propre, sont estimables entre toutes, comme la modération, la maîtrise de soi, la réflexion sereine. Car nous pouvons encore les mettre au service du pire. Il faut s'assurer que ces éléments d'authentique sagesse sont bien à l'usage d'une volonté droite. Rien en nous comme hors de nous n'est libre de toute condition, sinon la condition suprême qui seule n'en peut comporter, la volonté qui est bonne en soi. Sa valeur n'est pas séparable de son principe. Ni ses réalisations ni son efficacité ne la justifient. Ni le succès ni l'échec ne sont ses critères. Pour la volonté, contre toutes les leçons de réalisme et de pragmatisme, l'essentiel ne peut absolument pas consister à atteindre son but, car les circonstances peuvent la trahir ; l'essentiel est de bien viser, comme doit faire l'archer selon les Stoïciens[1]. Encore faut-il tout faire pour bien viser, car la bonne intention seule ne vaut rien. L'intention qui n'agit pas n'a aucune valeur morale. On doit seulement maintenir que la moralité d'un homme n'est pas à la merci de ce qui arrive dans le monde.

---

1. L'exemple de l'archer est souvent employé par Platon dans *Les Lois* et par Aristote dans l'*Éthique à Nicomaque*, mais ce sont les Stoïciens qui, le reprenant à leur compte, s'attacheront à séparer la visée du résultat. Cf. notamment Cicéron, *De Finibus,* III (IV), 22.

Son éclat, invisible au regard trop occupé de ce qui a lieu, lui est rigoureusement propre. Le succès peut provoquer l'admiration, non pas forcer le respect.

Il faut savoir une bonne fois à quoi s'en tenir sur ce qu'on appelle morale de l'intention. Ce n'est rien. Personne ne croit qu'il suffit d'être bien intentionné pour être un honnête homme. La belle sagesse antique ignorait la morale pieuse des bons sentiments et nommait vertu la force active, le pouvoir efficace se prouvant par l'action dans le monde. Une chose reste vraie : la morale ne peut plus se fonder sur un bien transcendant, extérieur à nous, d'origine cosmologique ou divine. Elle tient tout entière, jusqu'en son principe même, au sujet. Mais le mot *intention* est trompeur. Mieux vaut dire que la valeur de l'action ne tient pas à son objectivité matérielle, car la même action peut être accomplie par intérêt ou par dévouement, mais à son objectivité formelle, à la disposition intérieure du sujet qui *agit* sous le signe de l'universalité.

La raison, pour quelle fin ? (§§ 4 et 5)

Est-ce bien pour cette fin que la raison nous a été donnée ? Mais pour quelle autre fin ? Étrange providence, celle qui aurait confié à l'incertaine raison, au lieu du sûr instinct, la responsabilité de notre bonheur ! Incertaine raison s'il s'agit simplement de dispenser des lumières sur les fins et les moyens. La raison spéculative est indirectement pratique, car la connaissance et la culture peuvent nous servir dans la conduite de la vie. Mais alors quelle imperfection dans le plan de la nature ! Le bonheur, on le sait, n'est pas en proportion de la culture et du savoir : cette lucidité même finit par se retourner contre elle-même, et par se condamner. Il reste vrai que le progrès des arts et des sciences, que le luxe et la civilisation sont d'un faible secours, comparés au simple instinct naturel. Mais si cette constatation est si amère, n'est-ce pas la preuve que l'on soupçonne l'existence d'avoir un tout autre sens ? Ne serait-ce pas que la raison a le pouvoir, par elle seule, de nous déterminer, qu'elle a pour office de nous fournir non pas les moyens, mais le principe de nos actions ? La raison n'est ni expédient ni pourvoyeuse d'expédients. Cette lumière n'est pas en nous pour éclairer une route où nous nous hasardions d'abord à tâtons, mais pour nous éclairer nous-mêmes, pour mettre au jour la moralité en nous. Elle n'a pas d'autre destination que d'assurer la rectitude de notre volonté. Toute autre finalité prêtée à la raison serait aléatoire ou dérisoire. La volonté déterminée dans son principe par la raison n'est pas seulement bonne ; elle est le bien suprême. Étant sans condition, elle est la condition de tout autre bien, même de toute aspiration au bonheur. Nous pouvons certes penser qu'elle n'est pas le seul bien possible ; mais le bonheur est un idéal de l'imagination[1] qui nous représente de façon indéterminée une totalité de satisfactions : il dépend donc de conditions sur lesquelles nous avons une prise insuffisante. La question se posera de savoir si la réconciliation de la morale et de la vie a ses conditions dans la nature.

La finalité naturelle *(ibid.)*

N'hésitons pas à y revenir, car il semble d'abord incompréhensible que la raison trouve sa fin en elle-même. La raison pratique est la raison dans l'action. Mais toute action ne suppose-t-elle pas un projet, un élan vers un but ? Vouloir, n'est-ce pas vouloir quelque chose et, de proche en proche, vouloir le bonheur ? En entrant ainsi provisoirement dans la logique du naturalisme, on peut faire jouer, sans autre justification, le principe de finalité : si en effet, par hypothèse, tout organe est adapté à sa fin et si la fin pour l'homme est le bonheur, l'instinct eût été pour lui un guide plus sûr, d'où il suit que la raison pratique est une aberration de la nature. Cette définition idéale de l'instinct comme adaptation des moyens aux fins implique la supériorité de la vie instinctive sur la vie raisonnable. Bref, l'hypothèse de la finalité conduit à découvrir une contradiction dans la nature. Ce n'est donc pas à ce niveau que peut s'expliquer l'homme comme être raisonnable, ce qu'il est bien pour une part. C'est seulement dans l'hypothèse où l'homme dépasse la nature, où la raison est d'ordre métaphysique, que la contradiction peut être levée entre l'instinct et la raison pratique. Car alors la raison n'est plus destinée à servir la nature et à remplacer maladroitement

---

1. La formule se trouve dans la *Deuxième Section*, § 25.

l'instinct dans son office. La raison au service de la nature : quelle dérision !

La culture et les Lumières (§ 6)

Non seulement la raison cultivée appliquée à la poursuite du bonheur ne comporte aucune certitude, mais en fait elle nous éloigne du vrai contentement. Vouloir le bonheur, c'est ne pas savoir ce qu'on veut et même ne pas vouloir du tout. Loin de contribuer à nous rendre heureux, la raison aggrave le mal. L'Ecclésiaste dit que l'homme accroît sa souffrance quand il accroît sa connaissance[1]. La douleur est bien la rançon de la conscience. Si l'intelligence semble être au service de la vie, il faut reconnaître également qu'elle est dissolvante : elle nous représente notre séparation, nos privations, notre mort. De plus, le temps accordé à la connaissance est ôté à la jouissance. De là il est aisé de conclure à l'échec de la sagesse comme technique du bonheur, ce qui ouvre la voie à la misologie, à la haine de la raison.

Faut-il croire à la supériorité de la vie naturelle et instinctive, thèse étourdiment prêtée à Rousseau, critique de la civilisation et du progrès ? Mais imaginer l'âge d'or derrière nous, n'est-ce pas se complaire dans la nostalgie de la bergerie, dans l'esprit de ce que le XVIIIe siècle a de moins glorieux ? A moins d'estimer que, contre la mode, Rousseau comprend avec plus de profondeur l'esprit des Lumières. Ce n'est pas en effet du progrès indéfini des connaissances et des avantages techniques qui en découlent que les hommes tiennent leur valeur, mais de la résolution de penser par soi-même, de faire un usage pratique de la raison. Il fallait bien se représenter un état de nature pour retrouver, en deçà des subtilités scolastiques et des conventions sociales, le fil directeur de la moralité pure. La bonne conclusion est donc à l'opposé de l'*eudémonisme* ou morale du bonheur : la fin de notre existence est toute différente ; elle n'est décidément pas le bonheur, mais quelque chose d'infiniment plus noble. Tandis que les spéculations sur le bonheur sont toutes incertaines — savons-nous ce qu'est le bonheur et quels moyens

---

1. Dans le *Livre de l'Ecclésiaste* (Ancien Testament), on peut lire : « Beaucoup de sagesse, beaucoup de chagrin. »

sont le plus propres à l'atteindre ? —, l'évidence morale est inconditionnelle, sans discussion possible, à l'abri des variations sociales et des appréciations changeantes de chacun.

L'aspiration au bonheur (§ 7)

L'enjeu réel ne doit pas être laissé de côté. Nous voici placés devant l'affrontement brutal entre un rêve de bonheur et une certitude métaphysique. Saint-Just dira bientôt que le bonheur est une idée neuve en Europe. A la fin de ce siècle, on commence à croire à l'avènement historique du bonheur. D'où la fortune jusqu'en notre temps de l'eschatologie révolutionnaire : la cité radieuse rachètera le malheur et l'humiliation des vivants. Ainsi fut souvent obscurci le vrai sens de la Révolution qui réside au contraire dans l'affirmation historique du droit[1]. Car l'espérance du bonheur, ni pour les individus ni pour les peuples, n'a le caractère d'une expérience ou d'une vérité. On sait que le XIXe siècle projettera dans l'avenir la société heureuse, le mirage d'une humanité réconciliée avec elle-même et avec la nature. Ce sera spéculer sur le temps, se distraire du devoir présent par des rêves d'avenir, remettre interminablement à demain le temps de la justice et de la vérité : j'endure en moi cette dissonance au nom d'une harmonie future et problématique, tant il est vrai qu'il est singulièrement meurtrier de voir trop loin et d'argumenter. Mais il faut ici prendre garde : le mal n'est pas dans l'aspiration au bonheur ; il est dans le fait de lui subordonner notre conduite au mépris de ce qui est universel dans l'obligation.

Dans la vie ordinaire, interminable est l'incertitude du *que faire ?* interprété de façon pragmatique[2]. Descartes[3] s'est donné pour maxime « de suivre seulement le grand chemin, et de croire que la principale finesse est de ne vouloir point

---

1. Sur la Révolution française, on pourra se reporter notamment à la *Doctrine du droit* (II, Première Section, Remarque A) et au *Conflit des facultés*, Deuxième Section, §§ 4-7).
2. Il importe de bien distinguer *pragmatique* et *pratique*. Le langage courant donne au second le sens du premier : qui est relatif à l'efficacité, au succès de l'action. Dans le langage de Kant, *pragmatique* renvoie donc à l'habileté et à la prudence, tandis que *pratique* qualifie l'action en tant que morale. Cf. *Critique de la raison pure,* pp. 540-541.
3. Descartes, lettre à Élisabeth de janvier 1646, *Œuvres,* Pléiade, p. 1229.

du tout user de finesse ». S'agit-il seulement ici d'une règle de prudence ? Qui n'aurait d'autre souci que de réussir devrait beaucoup se mépriser. Pour être certain, il ne faut pas délibérer, mais agir. Car la volonté se perd à délibérer, à tergiverser. La délibération ne crée aucune force, mais couvre une opération. On peut être plus ou moins habile, non point meilleur. Décider, c'est rompre avec les mobiles et les arguments qu'ils inspirent pour leur défense, c'est rendre la volonté à elle-même, à son principe intérieur. Il ne s'agit pas de décider ceci ni cela. La décision vraie ne porte jamais sur le contenu : mais vouloir, c'est décider. Telle est la volonté du tout, de l'universel, de l'unité. L'homme ne se contente pas d'être, mais il veut une raison d'être. Se vouloir, c'est vouloir l'homme, décréter l'homme, tenir à la valeur plus qu'à l'être. La raison est conscience d'idéal et la volonté est action de l'âme. Le mérite n'est pas dans l'intelligence calculatrice, mais dans la volonté. Toute la philosophie critique travaille à restituer cette certitude fondamentale.

A l'espérance confuse du bonheur naturel, qui sera ce qu'il pourra, s'oppose donc la certitude présente d'une dignité métaphysique. Aux conditions hypothétiques du bonheur s'oppose un devoir sans condition. A l'opinion subjective sur l'avenir du monde s'oppose l'évidence catégorique et objective d'une obligation. Il ne faut pas attendre demain pour être juste. Surtout, la raison technique est l'auxiliaire des intérêts ; seule la raison pure pratique fournit un principe à la volonté. La volonté technique est sans rapport avec la volonté morale. Par exemple, pour le médecin, l'intention thérapeutique est irréductible à la recherche théorique et technique des moyens. La première et principale fonction de la raison n'est pas de connaître mais de vouloir, non pas de prévoir mais de décider. La raison est une foi avant d'être une connaissance.

Le devoir (§ 8)

La valeur absolue d'une volonté immédiatement bonne, c'est-à-dire bonne en elle-même indépendamment de tout autre dessein, ne s'enseigne pas, à proprement parler ; mais il est nécessaire d'expliquer comment son concept est mesure infaillible de nos actions. Ainsi, le devoir va se présenter comme un concept second et dérivé. Ce n'est pas, en effet, la raison qui nous impose directement des devoirs, et la nature n'est pas si rouée qu'elle s'intéresse à nous persécuter. Mais ce sont bien plutôt nos désirs, nos habitudes et nos passions, tout ce qui en nous est étranger à la moralité, qui, d'une façon toute négative, nous crée des devoirs par la seule résistance qu'ils opposent à la juridiction de la loi morale. Le devoir en tant que tel ne résulte pas d'un décret de la raison qui se plairait à nous contraindre, car un être purement raisonnable n'est soumis à aucun devoir, sa volonté n'entrant jamais en conflit avec une force étrangère. C'est tout ce qui en l'homme relève de la psychologie qui détermine le sentiment de contrainte et fait apparaître, en même temps que sa difficulté, voire sa rigueur extrême, tout l'éclat du devoir. L'homme n'est pas simple. Le devoir est le rapport du sujet (la liberté) à la subjectivité (les penchants de la nature, l'amour de soi). Nous avons besoin d'être forcés pour être libres, pour surmonter la subjectivité. Mais l'obligation considérée en elle-même n'est pas une contrainte qui simplement serait morale au lieu d'être physique. Le sentiment d'obligation est le sentiment d'une noblesse, d'une dignité qui n'a pas d'exemple dans le monde. Seul l'esprit se connaît des obligations. Seule noblesse oblige. A l'opposé, l'immoralité est soumission au monde, à l'existence qui fournit les preuves. Qui attend des preuves est sans foi ni loi.

Formalisme ? (§§ 9 à 13)

On appelle, d'une part, formalisme la superstition des formalités, le souci exclusif de la forme par opposition au contenu, à la substance de l'action. La vraie morale n'est donc nullement formaliste en ce sens, car la seule chose qui compte, c'est la réalité du devoir, la pleine efficacité de son principe, la mobilisation effective des forces qu'il a la capacité de déterminer. La malveillance de certains lecteurs consiste à jouer avec les mots, à conclure de ce que le contenu est une forme à l'absence de contenu. Il faut simplement comprendre que vouloir vraiment ne saurait consister à vouloir quelque chose d'extérieur à la volonté, ce qui est le fait d'une volonté à la remorque, à la traîne, quand tout se ramène à l'impulsion, à la dépendance irrationnelle. Nous savons déjà que la volonté technique au service du bonheur est étrangère à la moralité., Or, d'une façon générale, les principes pratiques matériels (je veux telle chose, je vise tel but) reviennent à la recherche du bonheur. La volonté qui mérite son nom ne s'explique par rien d'autre qu'elle-même, ni par des mobiles affectifs, ni par une distinction dogmatique du bien et du mal. Elle ne s'appuie sur aucun objet. Elle est refus d'être objet, de faire partie, d'être nature. Il faut se séparer et ne s'en remettre qu'à soi. Corneille a compris la volonté comme il a compris la valeur. Mais le poète parle à la fois le langage de la liberté et celui de la nature. Je veux telle chose, c'est encore le langage du désir, et je dois alors compter avec les fluctuations du monde ; la volonté ne peut plus se sauver qu'en affirmant sa supériorité par la domination et par l'empire. Mais, considérée en elle-même, la force d'âme n'est pas une puissance, c'est une manière de penser. Elle est refusée à l'homme intelligent et expérimenté pour qui la situation prime toujours les principes. Il ne faut pas confondre l'homme d'expérience et l'homme du devoir.

Rigorisme ? *(ibid.)*

On appelle, d'autre part, rigorisme une doctrine d'insensibilité, qui ne laisse aucune place au sentiment et condamne toute aspiration au bonheur. Or, le devoir ne nous demande nullement de renoncer au bonheur ; il ne nous interdit ni d'aimer ni d'accueillir les plaisirs les plus divers de la vie. Bien loin d'écarter l'amitié et les joies quotidiennes, il nous conseille la sympathie et la bienveillance. Cette morale n'est donc nullement rigoriste en ce sens. Elle nous rappelle seulement que, lorsque nous avons à choisir entre des fins universelles et des fins particulières, dictées par nos seules inclinations, ce n'est pas un choix moral, mais un choix entre la moralité et ce qui n'est pas elle. La rigueur ne conduit pas à l'ascétisme ; elle n'impose aucun mode de vie. Mais elle consiste à savoir ce que l'on fait, par exemple à ne pas prendre pour volonté droite ce qui suit d'une simple inclination, et surtout, lorsqu'il faut choisir, à reconnaître sans défaillance le principe suprême de la moralité. Puisque, de toute façon, il faut suivre un principe, nous devons faire en sorte que ce principe soit vraiment nôtre. Comment a-t-on pu prendre pour répressive la simple résolution d'y voir plus clair, de savoir à quoi s'en tenir sur le principe du jugement moral ? Il y aurait aussi à entreprendre une généalogie de l'immoralisme. On se trompe du tout au tout : bien loin de moraliser de part en part l'existence humaine, cette analyse nous invite à délimiter strictement, on pourrait dire *au plus juste*, l'empire de la moralité.

Quatre exemples *(ibid.)*

Qui pourrait bien s'indigner, par exemple, de ce que la loyauté du marchand ne témoigne pas de son amour pour ses clients ou d'une conscience intraitable du devoir ? Lorsque l'intérêt coïncide avec la lettre de la moralité, qui se voudrait plus royaliste que le roi ? De même, vais-je souhaiter le pire des malheurs pour m'offrir le luxe de me prouver à moi-même ma force d'âme ? Il est entendu que nous tenons généralement à la vie sans nous prévaloir d'un mérite quelconque. C'est seulement dans l'épreuve qu'on saura si l'on est capable de conserver la vie sans l'aimer. Mais ce ne serait certainement pas une attitude morale que de chercher l'épreuve pour elle-même. Quant à la sympathie, la bienveillance, la générosité naturelle, il faut les louer et les encourager en réservant le respect à celui d'entre nous qui se montre capable de surmonter sa froideur ou son indifférence naturelle. Enfin, le devoir d'être heureux, quelle que soit l'adversité, est tout autre chose que l'aspiration commune au bonheur, qui est sans aucun mérite.

Mais alors comment la volonté peut-elle se laisser séduire par le plaisir ? La force des passions, c'est qu'on y croit. Vouloir le bonheur, nous l'avons vu, n'est pas vouloir. Pourquoi faudrait-il encore vouloir ce que la nature nous inspire de façon si pressante ? A peine peut-on dire que la volonté est trompée, car elle n'a de choix qu'entre le refus et le consentement. Elle se définit de telle façon que l'innocence ne peut avoir pour elle aucun sens. Aucun malin génie n'a puissance sur ma volonté. Ainsi est condamnée l'indulgence qui est acceptation de l'enfance. Dire : « C'est un enfant », c'est dire : « Il n'est pas responsable, il est tout entier nature. » De même, le velléitaire est la proie des forces ; il n'a que des tendances. Le vrai vouloir n'a aucun appui dans la nature. Vouloir, c'est toujours vouloir parce qu'il faut. La volonté ainsi comprise, dans sa rigueur philosophique, c'est toute la morale. Ici s'applique la maxime de Comte[1] : régler le dedans (la nature en nous) sur le dehors (la loi, l'universel). La moralité consiste à se soumettre à une règle, à un ordre extérieur au jeu des passions. La liberté n'est ni possession ni attente de la totalité comme contenu, mais respect de l'universel comme loi et comme forme. L'universel n'est pas une matière, mais une règle.

Mais pourquoi se représenter artificiellement un philosophe attaché à mortifier la sensibilité ? Bêtise ou malveillance ? C'est une vertu fantastique, dit ce philosophe précisément, celle qui voit un devoir à chaque pas. Mais quand, par exemple, l'inclination fait défaut, il faut bien que puisse exister un amour de volonté, un amour *pratique*, par opposition à l'amour *pathologique*, amour de passion, d'inclination, ce que signifie le commandement de l'Écriture : Aime ton prochain, même ton ennemi[2]. Mais comment aimer celui que nous inclinons à haïr ? L'amour ne se commande pas. Nous savons pourtant de science certaine que nous avons le pouvoir, si nous le voulons, de produire des sentiments. Comte rapportera cette proposition de Clotilde de Vaux : il faut, à notre espèce plus qu'aux autres, des devoirs pour faire des sentiments[3]. D'ailleurs, y a-t-il un seul sentiment véritable qui ne suive une règle, qui ne soit une règle, qui ne préside à ce titre à la conduite de la vie ?

La moralité pure (§ 14)

Répétons-le : la perfection morale ne réside pas dans l'excellence objective des actions, mais dans le principe intérieur du vouloir. La valeur morale ne se mesure pas au résultat, à l'efficacité de l'entreprise ; elle doit tout à la disposition intérieure du sujet. L'acte détaché du sujet est un phénomène de la nature, non pas un fait moral. L'élucidation de la certitude morale, telle qu'elle se présente dans la conscience commune, conduit à effacer toute trace de naturalisme. Et c'est pourquoi il faut, pour caractériser la volonté pure,

---

1. L'idée de Comte se retrouve sous des formes diverses. Cf., notamment, dans le *Catéchisme positiviste*, Deuxième entretien : « Consolider le dedans en le liant au dehors » (Garnier-Flammarion, p. 77).
2. Évangile selon Saint Mathieu, V, 43-44, et selon Saint Luc, VI, 27.
3. Cité par Comte dans le *Catéchisme positiviste*, Dixième entretien, p. 237.

supposer l'hostilité systématique du cours du monde. Telle est la clef des exemples choisis, qui ne fournissent nullement des modèles de vie, comme on a feint de le croire, mais présentent des situations extrêmes tenant lieu d'expérience cruciale. Car il s'agit de montrer que rien de ce qui se passe dans le monde ou dans l'histoire n'a valeur de condition pour la moralité. Le sujet pur est hors de tout. Il ne s'agit pas de s'accorder avec la nature ou le train du monde, ni de s'adapter pour atteindre un équilibre avec les choses. La culpabilité morale ne coïncide pas, par exemple, avec l'échec politique. Il reste vrai que la politique n'a de sens que si elle se réalise en fait. La valeur politique ne réside pas dans l'intériorité du sujet, mais dans les œuvres effectives et sanctionnées par l'histoire. D'où l'idée, chez Hegel, que la raison finit par se réaliser même par des moyens étangers à la moralité subjective. On peut estimer qu'à cette objection tout notre texte répond.

Nature et moralité *(ibid.)*

Nous disons donc que la moralité n'est pas dans le fait accompli, mais dans le principe de l'accomplissement. Platon savait que l'injustice essentielle n'est pas dans le désordre extérieur des êtres et des choses, mais dans la subversion intérieure à l'homme injuste[1], quand la raison est assujettie aux impulsions au lieu de commander elle-même. L'injustice n'est pas hors de nous ni entre nous, mais en nous. Le cours du monde, l'histoire ne sont pas la mesure de la moralité. La morale tient à l'homme, vient de l'homme même, et de l'homme intérieur. L'acte ne peut être détaché de l'agent hors duquel il n'y a que des faits dénués de toute signification morale. Les œuvres tiennent beaucoup aux circonstances, hasard heureux ou malheureux. C'est pourquoi la responsabilité historique est obscure : on est responsable de ce que l'on n'a pas voulu ou de ce que l'on croyait ne pas vouloir. Je ne peux certes répondre absolument de ce qui arrive ; je ne peux répondre sans appel que de moi. Quel est ce moi ? Le moi qui veut, qui agit sans être déterminé par autre chose. Ainsi, je ne suis pas mes inclinations, mais ce sont elles qui

---

1. Cf. notamment *La République*, IV, 439 sq.

m'inclinent, m'entraînent, me persuadent de les suivre. Je ne suis pas ce nœud de passions, ce petit monde psychologique. Le *cogito* moral veut la séparation, la pureté, non pas du sentiment mais du principe intérieur, seul universel. Les passions font partie du monde et participent à sa nécessité. En cela ma nature est homogène à la nature. Ici, l'opposition ne passe pas entre le monde et l'homme, mais entre la nature et l'esprit à l'intérieur de l'homme. Ni l'efficacité ni l'utilité ne font la valeur, mais la volonté comme source radicale, indifférente aux fins particulières. Quand bien même un monde hostile opposerait à la moralité une résistance irréductible, quand je serais privé de force physique et de moyens devant l'injustice générale, les coups du sort, l'absurdité d'un destin contraire, ma volonté ne doit fléchir ni douter si peu que ce soit. Ne pas s'en remettre au cours du monde, c'est une question de dignité. Ne pas courir après l'événement, ni même s'abriter derrière lui : rester libre.

Le respect (§§ 15 et 16)

Pour l'heure, il ne s'agit que de caractériser la moralité et rien d'autre, la moralité seule, non point la sagesse comme théorie et pratique totale de l'homme dans le monde. Premièrement, la moralité n'est pas simple conformité. Non pas qu'elle se perde toutes les fois qu'elle semble coïncider avec l'inclination ou l'intérêt, mais alors on ne peut la reconnaître à coup sûr : elle n'est pas assignable. Deuxièmement, la moralité ne dépend pas des effets que nous produisons hors de nous, ou même que nous visons. Notre action ne tient pas sa valeur de ce que nous voulons faire, c'est-à-dire de son but, car qui dit but dit passion. On ne la justifie pas par des raisons ou des témoignages. Sa valeur réside exclusivement dans le principe du vouloir. Le choix n'est donc pas intérieur à la moralité, mais il est entre la moralité et autre chose. Dans l'appréciation de la moralité la psychologie n'a aucune place, car elle peut bien connaître le mobile *a posteriori*, qui est matériel, non pas le principe *a priori*, qui est formel. Il y a là deux voies divergentes et nul ne peut servir deux maîtres. Troisièmement, le devoir proprement dit est de pur respect pour la loi. Répétons qu'il faut savoir ménager son respect. Je peux approuver mon inclination ou aimer celle d'autrui si j'estime qu'elle m'est favorable, mais je dois réserver mon respect au seul principe capable de déterminer ma décision, sans considération des sollicitations qui se disputent ma volonté. S'il s'agissait seulement, en effet, de choisir entre elles et d'obtenir certains résultats, la volonté d'un être raisonnable ou raison pure pratique serait tout à fait superflue. Dans un tel être, la seule représentation de la loi suffit à déterminer l'action.

La moralité tout entière tient dans le respect. L'essentiel est de bien comprendre qu'un être de sentiment et de désir garde le pouvoir de mettre hors jeu la pression des mobiles pour se déterminer d'après ce qui n'a aucune réalité perceptible dans le monde. Suit-il donc un mobile comme un autre et parmi d'autres ? Mais non précisément : c'est la loi morale qui constitue elle-même ce mobile. A l'encontre des modes de penser propres à l'analyse psychologique, il peut exister un sentiment qui n'est pas subi, reçu par influence, mais qui est spontanément produit par un concept de la raison. Il est aisé de décrire le respect sous ses deux aspects paradoxalement opposés : d'une part, un sentiment de crainte et d'abaissement qui affecte notre amour-propre ; d'autre part, le sentiment de notre dignité qui nous rehausse et nous porte à nous estimer comme être raisonnable. Ressentir du respect, c'est savoir que la raison en nous peut l'emporter sur la séduction et sur la crainte, sur le désir comme sur la peur de la mort, qu'il est un sentiment qui nous appartient en propre et relève cette fois de notre pure spontanéité. Comprendre comment un tel sentiment est possible, comment il peut tenir en respect la somme de nos désirs et de nos craintes, comment ainsi la loi peut affecter notre sensibilité, c'est entrer dans une réflexion qui met en jeu l'idée de liberté.

La loi comme forme pure (§ 17)

Qu'il suffise pour l'instant de chercher ce que signifie ce pur respect pour la loi qui est au-dessus de tous les sentiments et de toutes les circonstances. Car on ne nous dit pas ce que veut cette loi. Elle détermine la volonté sans condition, mais elle ne nous apprend pas ce qu'il faut faire ni comment. Elle est muette sur les fins comme sur les moyens. Elle est simplement la loi, quel qu'en soit le contenu, avec la forme, qui lui est essentielle, de l'absolue universalité. Puis-je vouloir aussi *que ma maxime devienne une loi universelle* ? Je n'ai pas à attendre d'en savoir plus pour décider ; car il ne s'agit pas d'une règle empirique pouvant bien tolérer des exceptions, mais d'une loi que toute exception nie et détruit. C'est du moins ce que sait sans étude la raison commune des hommes. Le prétendu formalisme consiste ici à penser que la loi est seulement la loi, que nous devons agir sous le signe de l'universalité et que l'argument de l'exception est la bonne conscience de l'immoralité. On ne se détermine pas *parce que* ni *pour que*, mais par principe. Une promesse est une promesse : voilà l'homme libre. La moralité ne résulte pas d'une éducation qui donnerait de bonnes habitudes, ni d'un calcul avisé tirant parti d'une expérience de la nature humaine, ni encore d'une perspicacité capable de déjouer les conséquences à craindre en cas de manquement. Compter sur le temps pour réparer le mal qu'on fait, c'est dans la vie privée comme dans la vie publique un indice majeur d'immoralité. Pour savoir ce que je dois faire, je n'ai pas à consulter mes semblables ni à tenir compte des choses : ce n'est pas une question de connaissance ni de sagacité. Il me suffit de savoir ce que signifie une promesse et si je puis faire comme si je ne le savais pas. La conscience est le refus de la contradiction intérieure à la volonté et de l'exception. Si c'est cela être formaliste, il faut alors s'en prendre à la raison en nous.

Le bien n'est pas un objet extérieur à la volonté *(ibid.)*

Il n'est donc nul besoin, pour caractériser la moralité, d'une doctrine dogmatique, même simplement empirique du bien et du mal, car la source de la moralité est le sujet et lui seul. Une philosophie spéculative qui rapporte toute la connaissance au sujet ne pouvait pas ensuite lui imposer du dehors une conception nécessairement arbitraire du bien et du mal. On peut certes dire que la volonté bonne est la volonté du bien, à condition de préciser toutefois qu'ici le bien n'est pas une chose à part et préexistant à l'action. Il est aisé d'admettre que nous ayons une représentation de la loi pouvant intervenir comme motif dans une délibération commandée toutefois, en dernier ressort, par les inclinations. Il est plus difficile de comprendre que cette représentation ait valeur de mobile, qu'elle ait le pouvoir de mobiliser réellement la volonté, sans le secours de la sensibilité. Car c'est bien cela : j'ai le pouvoir absolu de me déterminer indépendamment de toute sollicitation naturelle. Le seul mobile moral est la moralité elle-même. Comment est-ce possible quand on sait qu'il n'y a pas de sens moral, comme il existe un sens de la vue ou de l'ouïe, et que nous n'avons aucune connaissance théorique de notre liberté ? Autrement dit, le devoir commande sans explication, mais il commande réellement et nous savons de science certaine qu'il est en notre pouvoir de lui obéir : *Tu dois, donc tu peux*[1]. Le respect, c'est la pure loi formelle qui affecte la sensibilité jusqu'à éclipser, ou plutôt jusqu'à humilier toutes les inclinations. Le respect, c'est ce sentiment qui ne procède pas en nous de la nature et qui s'impose à elle inexplicablement.

L'universalité comme principe (§ 18)

Dans le chapitre III de la *Critique de la raison pratique* reviendra le même exemple, exactement le même dans sa signification que l'exemple de la promesse, mais sous la forme d'un dépôt à rendre. Hegel[2] oppose à cet exemple une objection qui n'est pas digne d'un si grand philosophe : dans un monde sans propriété, la notion de dépôt n'aurait aucun sens ; il est donc impossible de définir la moralité indépendamment de tout contenu. Aussi faut-il bien préciser que ce n'est pas la propriété comme institution assurément contingente qui est objet de soin, mais la règle de société entre personnes raisonnables qui ne doivent en aucun cas se tromper mutuellement. Aucune péripétie de l'histoire, aucune révolution même justifiée par l'état d'oppression ou d'injustice, ne peut rien changer à la stricte obligation de loyauté. On peut bien imaginer une société plus juste et plus libre, on doit saluer avec ferveur la grande Révolution[3] qui, annonce le règne du droit et l'instauration d'une république non plus seulement entre les esprits, mais encore entre les citoyens ; toutefois, la véracité, la fidélité à ses engagements, la loyauté et la générosité n'attendent pas que le cours du monde ait pris un tour favorable. La morale n'est pas une

---

1. *Critique de la raison pratique*, p. 37, et *Théorie et Pratique*, p. 27.
2. *Ibid.*, pp. 26-27. Cf. Hegel, *Phénoménologie de l'esprit* : La raison examinant les lois (Aubier, t. I, p. 348 sq.).
3. Kant, *Conflit des facultés*, Deuxième Section, § 6 et 7.

utopie ; elle n'est pas pour demain. On voit des hommes pleins d'expérience quant au cours du monde, habiles à parer aux événements qui s'y produisent, et qui ne cessent d'invoquer l'imperfection des choses conduisant à tenir compte des exceptions, à remettre à plus tard la souveraineté de la pure raison. Cette morale des lendemains heureux est l'*alibi* de gens avisés, de réalistes qui n'ont que sarcasmes pour l'âme trop simple et victime de sa candeur. C'est oublier que se savoir esprit, c'est se savoir obligé absolument et sans délai, c'est reconnaître que la rectitude du vouloir a une valeur absolue qui passe tout ce à quoi on peut attacher du prix dans le monde.

La nature et l'histoire *(ibid.)*

Hegel a raison de dire qu'avec la seule identité on ne fait jamais un pas en avant. Mais, s'il s'agit seulement d'aller de l'avant, nous n'avons que faire de la morale. Il est vrai que de la loi morale je ne peux déduire ni une société ni une histoire déterminées. On ne peut rien tirer d'une simple forme : le propre de l'expérience et de l'existence est de ne pouvoir être déduites. J'ai à construire mon existence et, dans la mesure de mes forces, à prendre part à l'histoire. Et, de toute façon, je suis pris dans un ensemble de déterminations indifférentes à la moralité. Rien de moral n'est simplement donné. Il est tout à fait certain que d'une loi purement formelle, autrement dit de l'universalité comme principe, on ne peut déduire aucune action particulière. Mais, précisément, la moralité ne consiste pas à inventer. Répétons-le : il n'y a pas d'invention en morale. La conscience n'invente pas, elle prononce et se prononce. Or, l'identité est un principe de fidélité et toute la morale est dans la fidélité de la raison à elle-même. La moralité ne consiste pas à faire ou à refaire le monde, car le monde est déjà là et déjà fait, bien ou mal. Mais, dans toutes ces situations qui ne tiennent pas à moi et que parfois le sort m'impose durement, il m'appartient d'être du côté de l'universel. Il n'y a pas d'autre choix, d'objet, ni de fin, ni d'œuvre. Je n'ai même pas à inventer ma maxime, mais j'ai à me demander lorsqu'elle se montre si je puis bien vouloir l'ériger en loi universelle. Nul ne me dit ce qu'il faut faire, mais je me dis que je dois me conduire en être raisonnable. Si la nature et l'histoire étaient morales par elles-mêmes, l'homme n'aurait pas de devoirs et pourrait ne songer qu'à son bonheur. Mais, comme il n'en est pas ainsi, il faut bien que quelqu'un demeure le gardien de la raison et assume son universalité.

La conduite conséquente *(ibid.)*

S'il faut tenir une conduite conséquente, c'est non point selon l'ordre des choses, mais selon l'ordre de l'esprit. Être logique non pour réussir, mais pour garder sens à sa vie. Si tous agissaient comme moi ne signifie pas : qu'arriverait-il en fait ? Le désordre ? La violence ? Mais plutôt mon action, ma parole, auraient-elles encore un sens ? Or le non-sens, c'est la contradiction absolue. Entendons bien qu'une fausse promesse, un mensonge ne sont pas du tout contradictoires : le machiavélisme permet d'aller loin, il a de beaux jours devant lui, car il confère à la politique une sorte de rationalité qui est souvent admirée. Alors pourquoi la morale peut-elle se résumer dans l'horreur du mensonge ? C'est qu'ici la contradiction est tout intérieure et dans le principe : la falsification du langage est une façon de se tromper soi-même. Le mal, c'est d'introduire le faux dans le monde, de cacher, de se cacher à soi-même la contradiction. Voilà pourquoi il y a une vertu éthique de la logique, et d'une logique ramassée en un point à la fois central et initial. Il ne s'agit pas d'une logique discursive qui s'intéresserait aux conséquences : si vous faites cela, alors, etc. Il faut dire la vérité non par prudence, mais par principe, parce que je *me* dois de dire la vérité et qu'il n'y a pour moi-même de sens que si j'exclus toute fraude. Rien n'est au-dessus de la loi, ni intérêt, ni raison d'État, ni sentiment. Il n'est pas de philosophie de l'histoire pour justifier les actes dont on devrait avoir honte au moment où on les accomplit. La moralité ne compte pas sur le temps pour réparer les outrages. Après coup, on peut tout justifier. Il n'y a pas de moralité *a posteriori*.

Nécessité de la philosophie (§§ 19 à 22)

Rien dans tout cela qui ne soit entièrement présent dans la conscience commune : elle n'a besoin ni de science ni de philosophie pour savoir ce qu'il faut faire. Il serait donc sans signification de vouloir créer une morale originale pour l'enseigner aux autres. Mais, si la conscience a immédiatement pleine compétence, si elle a toujours réellement devant les yeux le principe rationnel de sa conduite, elle n'en a pas une représentation distincte et séparée. Il faut la rendre attentive à son propre principe, lui rappeler ce que chacun sait alors même qu'il a tout lieu, comme Socrate, de savoir qu'il ne sait rien : qu'il vaille mieux subir l'injustice que la commettre, c'est une certitude invulnérable au doute le plus sévère. Car le jugement moral est incomparablement plus aisé que le jugement de connaissance. Dans le domaine scientifique, il faut apprendre et la conscience commune est sans ressource dès qu'on s'éloigne de l'expérience sensible. L'inverse a lieu quand il s'agit de la conduite à tenir : le jugement moral n'a pas de progrès à faire quant à son principe. Si donc la philosophie est nécessaire, c'est uniquement pour permettre à la conscience commune de mieux se connaître et, tout particulièrement, de distinguer le principe moral, qui ne lui manque jamais, de considérations étrangères qui risquent de l'offusquer. Une philosophie populaire trahirait la conscience commune en cherchant à la séduire par un amalgame démagogique. La conscience commune a besoin d'une philosophie pure pour mettre à part la forme vraie de la moralité en vue de la reconnaître sans erreur possible. Si donc l'analyse philosophique s'attache ainsi à définir la moralité comme forme pure de la loi commandant sans condition, ce n'est pas par on ne sait quelle vision arbitrairement formaliste des choses, mais d'après une exigence impérieuse de méthode. Pur de tout mélange, ce qui dans la conscience commune est signe irrécusable de la moralité, principe du jugement moral, c'est la forme de la loi. Nous n'avons pas affaire à un choix doctrinal, à un thème de prédilection, mais à l'appréciation conséquente du rôle que peut remplir la philosophie en matière de moralité.

L'innocence, qui est une sorte de sagesse première, a donc besoin de la philosophie pour acquérir force et assurance. Les résistances qui en nous s'opposent à la juridiction de la raison sont telles qu'elles nous incitent à trouver des accommodements, parfois même à contester l'éminente valeur de la moralité. Pour sortir de cette logique de l'illusion, ou dialectique, la seule issue est la critique de la raison.

DEUXIÈME SECTION

De la philosophie morale populaire à la métaphysique des mœurs

La DEUXIÈME SECTION *effectue le passage de la philosophie morale populaire à la métaphysique des mœurs. Elle montre pourquoi la moralité ne peut se fonder sur l'expérience ni sur les bons exemples. La vulgarisation est une question non de pédagogie, mais d'authentique savoir. Le principe subjectif de la volonté s'appelle* maxime, *son principe objectif s'appelle* impératif. *Les* impératifs hypothétiques *(règles d'habileté, conseils de prudence) s'énoncent sur le modèle suivant :* Qui veut la fin veut les moyens. *L'*impératif catégorique *est unique (porter la maxime à l'universalité), mais peut comporter plusieurs formulations. Il ne connaît d'autre fin que* l'humanité, *d'autre principe que* l'autonomie : tout être raisonnable est législateur dans le règne des fins.

L'expérience (§§ 1 à 4)

Partir du jugement moral tel qu'il est donné dans la conscience commune ne revient nullement à se fonder sur un fait d'expérience auquel on accorderait une valeur générale par simple induction. Solliciter l'expérience, en effet, c'est entreprendre une recherche interminable ou conclure d'avance au scepticisme. Car, si l'on peut bien constater la conformité de l'action au devoir, autrement dit sa légalité, la simple observation ne peut aller au-delà : elle nous incite plutôt à soupçonner sans fin des ressorts cachés, à imputer nos actions à l'amour-propre plus ou moins déguisé, bref à emboîter le pas aux moralistes qui ne cessent de désespérer de la nature humaine. Et l'expérience nous montre bien la raison à l'œuvre, mais seulement au service de nos intérêts. Aucune expérience ne nous assure sans doute possible que nous sommes en présence d'une action accomplie uniquement par respect pour la loi. Même dans le cas où l'observation ne décèle aucun mobile personnel, nous pouvons encore craindre de manquer de sagacité ou d'entretenir l'illusion par une complaisance coupable. Le secret de l'âme est impénétrable au regard le plus perspicace. Bref, la valeur morale ne se voit pas et la prétendue recherche de l'authenticité n'a aucun sens.

Il s'agit de ne pas tomber dans l'empirisme, cette persistante doctrine qui dénie à l'homme le pouvoir de penser seul et sans secours. Il existe à coup sûr des mathématiciens capables de conclure par stricte fidélité à leurs principes. Il est plus risqué de parier qu'il existe d'honnêtes gens, mais enfin s'il est possible de concevoir un seul homme qui soit juste par lui-même et de façon désintéressée, va-t-on encore ironiser ? Ne savons-nous pas que la raison vaut mieux que nous, que sa loi vaut mieux que toutes les sollicitations de l'existence, que par elle l'homme n'est pas seulement effet, mais principe, que par elle encore tout ne se ramène pas à la nature comme elle est ? Et pourtant l'empirisme entretient un doute permanent sur la moralité. Il nourrit la conviction qu'à suivre sans se lasser les méandres intérieurs on finit toujours par retrouver l'égoïsme comme source unique de nos actions. Dignité et noblesse font seulement partie du décor. Cette forme désabusée de lucidité fait paraître toute autre considération comme naïve et illusoire. Si l'on vous dit, comme La Rochefoucauld, que « les vertus se perdent dans l'intérêt comme les fleuves se jettent dans la mer », qu'avez-vous à répondre ? Votre dénégation elle-même se retourne contre vous. Il se pourrait que personne jamais n'ait agi sincèrement par devoir, et sans doute y a-t-il du sens dans le mot de saint Paul[1] : « Il n'y a pas un seul juste, pas même un seul. » Les commentateurs académiques verront ici du pessimisme ou l'effet d'une éducation religieuse. C'est se tromper du tout au tout. Il faut comprendre, à l'opposé, qu'on passe à côté de la moralité dès qu'on attend des preuves. S'il s'agit de savoir, comme c'est le cas, non pas ce qui a lieu ici ou là, mais ce qui *doit* avoir lieu, alors l'expérience n'est d'aucun secours, et même elle risque fort de devenir un obstacle. Tous les propos désabusés sur les déceptions de l'amitié ne peuvent empêcher la loyauté dans l'amitié d'être une stricte obligation. Mais, naturellement, ce n'est pas l'expérience qui peut mettre sous les yeux un principe *a priori*. Elle ne peut pas davantage nous donner l'idée d'un être raisonnable en général, dont l'homme est seulement

---

1. Épître aux Romains, III, 12.

un exemplaire imparfait, pour nous élever jusqu'à la pensée d'une raison pure pratique. Contre les gens avisés qui ne cessent de donner des leçons de réalisme, il faut soutenir que l'expérience n'est pas une ouverture, mais une impasse. Qui n'en croit que ses yeux n'a ni foi ni loi.

Le bon exemple (§ 5)

C'est encore de l'empirisme que de proposer pour modèle de la moralité tel exemple que nous n'aurions plus qu'à suivre. Les exemples sont toujours bons pour nous mettre sous les yeux de nobles actions qui pouvaient nous paraître auparavant impossibles. Mais s'ils ont une valeur d'exhortation, ils ne sont point des modèles. Ce n'est pas d'eux que nous devons tirer la règle de notre conduite. Ils ont bien plutôt besoin d'être reconnus et jugés d'après l'original que chacun de nous porte en soi. La parole de l'Écriture[1] : « Nul n'est bon que Dieu seul », signifie que le bien n'est pas de l'ordre du fait et du visible, mais de l'ordre de l'idée. C'est une fausse morale, celle qui substitue l'imitation au jugement, même sous prétexte de pédagogie.

La vulgarisation philosophique (§§ 6 à 11)

On ne manquera pas de trouver dérisoire ce constant retour à la raison pure, à ses concepts, aux principes qui en dérivent, ce qui suppose un dur labeur philosophique, alors que la morale concerne tous les hommes, qui se laissent en général persuader par d'autres voies. Il est certes bon de vulgariser ; mais, pour y réussir, il faut d'abord s'en rendre capable et rien n'est plus rare qu'une vraie vulgarisation philosophique. Il n'y a pas de philosophie populaire. Chercher à se faire comprendre ne signifie pas qu'on se contente de peu, qu'on fait bon marché de la vérité pour tomber dans la simplification, la confusion et le bavardage. Pour avoir le droit de vulgariser et d'enseigner, il faut avoir fait soi-même le long et difficile détour de la science. C'est plutôt le vulgarisateur impatient qui manque son coup, car la métaphysique dégageant dans sa pureté l'éminente dignité de la loi morale est incomparablement plus stimulante qu'une doctrine bâtarde destinée à tromper ou à flatter le public. Ici

---

[1]. Évangile selon saint Marc, X, 17-19.

comme ailleurs, le souci pédagogique conduit à affaiblir ce qu'on veut enseigner, aboutissant ainsi à l'inverse du résultat escompté. L'erreur fatale est de croire que la pure philosophie ne peut avoir cours dans le monde, que le vrai ne peut trouver de lui-même le chemin des esprits, qu'il faut l'administrer à petites doses, comme on fait les médicaments amers, avec une quantité suffisante d'excipient sucré ou autre, car il en faut pour tous les goûts. De la crainte de Dieu aux considérations d'utilité, de la mystique à la démagogie, tout est bon pour faire passer à l'état de traces à peine assignables une philosophie honteuse de soi. Surtout, n'allez pas croire que la loi morale soit entièrement *a priori* : il y a l'éducation, l'habitude, l'opinion, le monde où nous vivons, l'influence d'une religion millénaire ! L'anthropologie est, pour ainsi dire, l'excipient universel qui permet de faire passer ce peu de philosophie qu'on n'ose pas entièrement répudier. Mais, à vouloir trop bien faire, on finit par déconsidérer ensemble la morale et la philosophie.

Sans doute alors ne doit-on pas se hâter de céder aux gens pressés, aux vulgarisateurs impatients qui se taillent une gloire facile auprès d'un public peu avisé. Armons-nous plutôt de circonspection, cette vertu qui nous conseille d'attendre avant de prononcer, de savoir avant d'enseigner. La métaphysique de la moralité ne peut qu'être affaiblie par des considérations, scientifiques ou non, sur la nature humaine ou la nature des choses, sur le monde éthéré de l'au-delà ou occulte de l'en-deçà. Au contraire, la connaissance de la moralité pure, sans ingrédient étranger, établit l'autorité de la seule raison pratique sur le cœur humain. L'efficacité est non pas du côté du compromis démagogique qui rend la conscience incertaine de ses mobiles, mais du côté de l'intransigeance métaphysique ne laissant aucun doute sur la dignité de la loi morale dont la seule représentation tient en respect toutes les sollicitations étrangères. L'enfant lui-même, dès l'instant où il ressent cette dignité, sait très bien que sa destination d'être raisonnable l'emporte sans comparaison sur toute autre considération[1].

---

1. Kant, *Doctrine de la vertu*, Deuxième Partie, Première Section, « Fragment d'un catéchisme moral », dernier aliéna : « ... Il est extrêmement important, dans l'éducation, de ne point mêler (amalgamer) le catéchisme moral avec le catéchisme religieux, et plus encore de ne point le faire succéder à ce dernier ;

Les précautions pédagogiques sont également fatales à la théorie et à la pratique. Dégager dans sa pureté le principe de la moralité, c'est une exigence spéculative qu'il est bon de satisfaire ; c'est plus encore une exigence morale. Et celle-ci va beaucoup plus loin que celle-là, car la spéculation peut fort bien, sans subir d'altération, tirer les principes de la raison humaine dans sa particularité, tandis que la raison pratique n'est fondatrice que définie d'après l'être raisonnable en général. C'est après seulement, pour l'application, qu'interviendra l'anthropologie. Encore cette intervention ne devra-t-elle son efficacité qu'à la connaissance métaphysique préalable, pure et sans mélange, des fondements de la moralité. Seule une telle connaissance peut toucher profondément les âmes, car elle les instruit sur elles-mêmes et leur rend ainsi leur force propre. Veiller à la pureté du concept, c'est un devoir envers l'humanité. La différence entre la philosophie populaire et la métaphysique réside en ce que la première ne pouvant se libérer des exemples reste condamnée au tâtonnement, tandis que la seconde n'hésite pas à s'élever jusqu'aux Idées, comme Platon l'a enseigné.

L'impératif (§§ 12 à 18)

Il y a une grande différence entre la soumission des phénomènes aux lois naturelles qui les régissent et l'action d'un être qui se soumet de soi-même à la *représentation* d'une loi. Et une telle représentation dans son universalité supposant la raison, on peut dire que volonté et raison pratique sont une seule et même chose. Mais il y a encore de la différence entre, d'un côté, une volonté entièrement rationnelle, ignorant toute divergence entre la nécessité objective de l'action et le sentiment subjectif, et de l'autre une volonté partagée entre un principe subjectif, sa maxime, et la loi objective à laquelle la maxime ne peut s'égaler que par contrainte. Si donc la loi morale nous commande, à proprement parler, c'est à cause de la nature particulière de l'homme comme être doué d'une sensibilité qui le centre sur lui-même, de l'homme comme être fini. On appelle impératif la formule du commandement. Le devoir ne concerne donc que des

---

il faut toujours commencer par le premier, en ayant soin de lui donner toute la clarté et toute l'étendue désirables. Autrement, la religion ne sera que pure hypocrisie : on ne se soumettra au devoir que par crainte, et la moralité, n'étant pas dans le cœur, sera *mensongère* » (trad. Barni, 1855, p. 174).

êtres sans doute raisonnables, mais finis, qui demeurent partagés entre le bon et l'agréable, c'est-à-dire entre l'universalité qui s'impose comme règle à la volonté et la particularité des mobiles subjectifs. Il ne peut donc exister aucun devoir pour une volonté divine et en général pour une volonté sainte. Dans le monde, l'homme seul a des devoirs.

La *maxime* est le principe subjectif de la volonté ; l'*impératif*, son principe objectif. Mais tout impératif n'est pas moral et la simple soumission de la volonté est loin d'être toujours signe de moralité. Considéré sous la catégorie de la relation[1], l'impératif est *hypothétique* quand il énonce le moyen nécessaire pour atteindre une fin posée ou supposée : si tu veux telle fin, alors tu dois mettre en œuvre tel moyen. Il est *catégorique* s'il énonce le commandement sans le subordonner à une condition ; par exemple : *tu dois,* sans autre spécification.

Les impératifs hypothétiques (§ 19)

Considéré sous la catégorie de la modalité[2] englobant le possible, le réel et le nécessaire, l'impératif hypothétique relève soit d'un jugement problématique, soit d'un jugement assertorique.

Dans le premier cas, il commande l'action en vue d'une fin seulement possible. Il est une règle d'habileté, un simple impératif technique, indiquant comment s'y prendre pour atteindre une fin indifféremment bonne ou mauvaise. Les techniques permettant de guérir ou d'empoisonner sont parfaitement homogènes entre elles. Et l'éducation consiste à pourvoir l'enfant d'une foule d'habiletés diverses dont on se dit qu'elles pourront toujours servir, sans se préoccuper de la valeur de fins qui restent toujours problématiques.

Dans le second cas, la fin n'est pas simplement possible, mais réelle. La poursuite du bonheur, étant inscrite dans la nature humaine, est de l'ordre d'un jugement non pas problématique, mais assertorique, c'est-à-dire affirmatif. Les hommes en général recherchent le bonheur, c'est un fait. L'erreur des morales de l'intérêt est de tenir cette simple

---

1. *Critique de la raison pure :* Analytique des concepts purs de l'entendement, p. 92 sq.
2. *Ibid.*

généralité pour fondatrice, de tirer le droit du fait. Et, de cette façon, le trop modeste empirisme n'est qu'une forme à peine cachée de dogmatisme prétendant à l'inconditionné. Certes, on peut toujours donner des conseils permettant d'atteindre une fin dont personne ne doute. La prudence est cette forme d'habileté qui doit permettre d'atteindre une fin assurément incontestée. Mais la subordination du moyen à la fin laisse entier le caractère hypothétique de l'impératif.

On comprend mieux maintenant, par opposition, pourquoi l'impératif catégorique n'a pas à mentionner la matière de l'action. Il énonce, non pas l'effet qui doit suivre de l'action, mais son principe ou sa forme. L'impératif catégorique concerne la volonté seule, indépendamment de tout objet en dehors d'elle. Il est objectif, *apodictique,* c'est-à-dire nécessaire et inconditionné. C'est véritablement un commandement et non pas une règle d'habileté ni un conseil de prudence. Il ne prend pas, si peu que ce soit, en considération l'utilité, l'efficacité ni l'intérêt. Il n'est ni technique ni pragmatique, mais pratique, c'est-à-dire proprement moral.

Les règles d'habileté (§ 20)

Les règles d'habileté ne présentent aucune obscurité quant à leur rapport avec la volonté. Si complexe soit la technique mise en œuvre pour aboutir, la fin implique entièrement le recours aux moyens : fins et moyens relèvent d'une seule et même volonté. Autrement dit, même si la technique met en jeu des propositions synthétiques, quand par exemple elle utilise des connaissances mathématiques ou autres, même si d'une façon générale on ne peut simplement déduire les moyens de la fin (il ne suffit pas de vouloir voler pour inventer l'avion), reste que du point de vue de la volonté la relation entre la fin et les moyens considérés globalement est une relation analytique, ce qui veut dire que la volonté d'atteindre la fin contient la volonté de mettre en œuvre les moyens ou volonté de réalisation. Vouloir la fin et vouloir les moyens, c'est la même chose. On appelle velléité la fausse volonté qui s'évanouit à l'heure de la réalisation.

Les conseils de prudence (§ 21)

Il est plus difficile d'expliquer *les conseils de prudence*. Ils sont seulement des conseils en raison du caractère incertain de la relation entre les moyens et la fin poursuivie, qui est le bonheur. Idéal non de la raison, mais de l'imagination, le bonheur suprême est par malheur (le jeu de mot n'est pas dépourvu de sens) une totalité trop indéterminée pour que l'on puisse énoncer à coup sûr des règles pour sa réalisation. On connaît les déceptions de la richesse, du pouvoir, du savoir même. Nul n'ignore qu'une longue vie, que la santé, ne sont pas des garanties suffisantes. Les conseils de prudence, si pertinents soient-ils, et même s'ils paraissent conduire à une sorte de sagesse, ne peuvent jamais être reçus comme des commandements. Reste qu'ici encore la fin veut les moyens, si risqués soient-ils. La prudence, comme l'habileté, relève donc de propositions analytiques. L'une et l'autre fournissent bien des principes pour la volonté, non pas des lois de la volonté.

L'impératif catégorique (§§ 22 à 28)

La seule question vraiment difficile et philosophique concerne le commandement qui ne s'appuie sur aucune hypothèse, qui est inconditionnel, nécessaire absolument. Mais peut-on rencontrer dans le monde une seule action répondant à un tel commandement ? Comment s'assurer, par exemple, que la conduite apparemment la plus honnête est exempte de tout calcul ? La crainte et l'intérêt sont souvent si cachés que nous ne pouvons jamais être sûrs du désintéressement absolu d'une conduite, malgré les plus nobles apparences. Le fait de ne pas apercevoir d'autre mobile que la pure moralité ne prouve nullement qu'il n'existe pas. Dans ces conditions, on n'est pas loin de penser que la moralité n'est jamais que le masque du pragmatisme. Si nous comprenons bien le caractère radical de cette difficulté, nous voyons en même temps que nous ne devons pas chercher la moralité du côté de l'expérience, mais plutôt expliquer l'impératif catégorique en lui-même, sans nous soucier de savoir s'il est réalisé quelque part. Et, si nous devons ainsi par précaution le considérer comme étant sans exemple, c'est que sa possibilité doit être élucidée tout à fait *a priori*.

L'aventure est singulière et elle-même sans exemple. Ce que nous avons à comprendre, en effet, c'est la possibilité d'un commandement inconditionnel pour une volonté imparfaite. Nous ne le savons que trop : l'homme et la moralité sont deux choses distinctes. Il est aisé de concevoir deux cas extrêmes. D'une part, celui d'une volonté irrémédiablement asservie aux inclinations naturelles : tous les actes humains sont alors déterminés soit par la peur, soit par le plaisir, et la notion de devoir n'a aucun sens. D'autre part, celui d'une volonté parfaite dont la maxime est toujours identique à la loi. Dans ces deux cas opposés, la volonté et son mobile, d'un côté affectif, de l'autre rationnel, sont identiques ou dans une liaison que nous disons analytique, au sens où nous appelons analytique un jugement tel que le prédicat soit contenu dans le sujet (par exemple, tous les corps sont étendus).

Or le cas que nous examinons est tout à fait différent des deux autres, car ici nous avons affaire à l'homme, c'est-à-dire à un être en partie au moins déterminé et limité par sa sensibilité, mais pour lequel l'injonction du devoir, qu'elle soit ou non suivie d'effet, a un sens. Nous savons déjà que l'impératif catégorique est une proposition pratique ; nous voyons mieux maintenant que cette proposition est synthétique, car elle lie l'action à une volonté qui ne la contient pas : enfin, nous ne pouvons que rappeler le caractère *a priori* d'une proposition qui ne présuppose aucune condition donnée par la sensibilité. Ainsi, le refus du mensonge n'est pas contenu dans une volonté antérieure, comme c'est le cas de l'intérêt qui est impliqué dans l'aspiration au bonheur : il exige au contraire de rompre avec le train ordinaire de l'intérêt bien compris. Comment un commandement sans condition est-il possible ? C'est une question qu'il faut encore remettre à plus tard.

Dans cet *imbroglio*, c'est l'incertain qui s'explique aisément, tandis que le certain oppose une grande résistance à l'examen. Ce dont personne n'est sûr est d'une immédiate et parfaite transparence ; ce dont personne ne doute paraît être d'une insurmontable obscurité. En effet, l'habileté est multiple et, tant qu'une fin n'est pas donnée, je ne sais que faire de mes ressources, quelles que soient la précision et l'efficacité des règles qu'elles tiennent en réserve. Quant à la prudence, elle suppose bien une fin toujours la même, mais le rapport de la maxime avec cette fin est si mal déterminé et je suis si incertain des voies qui conduisent au bonheur que j'éprouve très vite la vanité des recettes et que je ne puis me fier, encore qu'avec circonspection, qu'aux simples conseils. Mais dans les deux cas existe une relation conditionnelle entre l'action et la fin poursuivie. La volonté d'agir de telle façon est tout à fait prédéterminée par la volonté d'atteindre la fin correspondante. Qui veut la fin veut les moyens, telle est l'expression courante qui met en pleine lumière le caractère analytique de l'impératif hypothétique.

L'impératif catégorique est unique (§§ 29 à 31)

Les hésitations qui peuvent affecter la mise en œuvre des règles et des conseils n'empêchent donc pas leur élucidation philosophique d'être tout de suite transparente. C'est le contraire qui a lieu lorsque j'examine l'impératif catégorique. Il est catégorique, il commande sans condition : il ne souffre ni incertitude ni hésitation. Mais je ne comprends pas encore comment une volonté humaine peut être liée à la loi par une relation à la fois synthétique et *a priori*. Il est déjà bien difficile de comprendre la possibilité de la synthèse *a priori* dans l'ordre théorique. Encore dans ce domaine la science déjà constituée, les mathématiques, me fournit-elle des exemples d'une telle synthèse et m'oriente-t-elle vers les formes de l'espace et du temps, vers l'intuition sensible qui la fonde. Par exemple, je sais construire le nombre 12 par l'addition successive dans le temps des unités du nombre 5 au nombre 7[1]. Or, dans l'ordre pratique, une intuition sensible ne serait d'aucun secours et je ne dispose pas d'une intuition intellectuelle me permettant de dépasser la finitude de la condition humaine pour accéder directement à la chose comme elle est[2]. C'est dans une telle difficulté qu'il faut poursuivre l'élucidation de l'impératif moral.

La question majeure est celle de comprendre la certitude d'un impératif qui n'attend pas, comme c'est au contraire le cas des règles d'habileté et des conseils de prudence, qu'une condition soit donnée. Cette certitude est la conscience d'une nécessité immédiate : et celle-ci concerne la conformité de ma maxime avec l'idée d'une loi en général, puisqu'aucune fin matérielle n'est donnée ou même simplement à attendre. Mais qu'est-ce qu'une loi en général, sinon la forme pure de l'universalité qui confère à ma maxime la marque distinctive

---

1. *Critique de la raison pure :* Introduction, p. 41.
2. *Ibid.*, p. 75.

de l'être raisonnable ? La certitude morale est donc la conscience de l'absolue nécessité pour le principe subjectif de mon action d'être immédiatement universalisable. Le principe subjectif ou *maxime* de l'action n'a pas besoin d'être énoncé ou même pensé distinctement pour déterminer l'action. Si, par exemple, je réclame pour moi ou pour un de mes proches un passe-droit, j'ai beau le faire en vertu d'un préjugé ancien ou par habitude, je n'en suis pas moins la maxime d'après laquelle il est non seulement naturel mais bon de favoriser ses proches, de faire pour eux une exception. De même, en acceptant de mentir, je ne peux vouloir en même temps ériger la maxime de ma conduite en loi universelle, car, si le mensonge était reconnu comme loi, si tous les hommes étaient convenus comme par jeu de mentir, il n'y aurait plus de mensonge possible dans le monde. Le mensonge ne peut donc être pensé que comme exception. Toute la morale est là et tient en peu de mots. Point de décalogue[1], point de conseils adaptés aux situations diverses, mais un seul et même impératif catégorique : *Agis seulement d'après une maxime telle que tu puisses vouloir en même temps qu'elle devienne une loi universelle.*

La législation d'une nature morale (§§ 32 à 39)

Il est essentiel de comprendre qu'on n'a pas affaire ici à un point de vue parmi d'autres et que — nous l'avons vu — ce n'est nullement être formaliste que de reconnaître le caractère strictement formel de la loi morale. *Formel* ne signifie pas *sans contenu* et l'action accomplie selon la loi est une action bien réelle, par exemple porter secours à quelqu'un malgré les risques, dire la vérité quoi qu'il en coûte, etc. Il serait étrange de prétendre qu'une action est vide pour la seule raison qu'elle n'est pas subordonnée à un intérêt personnel. Il faut bien voir que la critique du formalisme revient finalement à contester la moralité, à conclure que la vertu ne doit pas être prise au sérieux. En fait, toute maxime est le principe subjectif d'une action déterminée. Je dois seulement me demander si je peux vouloir en même temps qu'elle devienne une loi universelle. Il s'agit, nous le savons, de la

---

1. Les dix commandements que Moïse rapporta du mont Sinaï, gravés sur des tables.

loi de ce qui doit être par liberté. La nature aussi obéit à des lois (c'est même sa définition), et celles-ci déterminent rigoureusement les phénomènes. C'est ce que signifie le déterminisme comme condition d'intelligibilité de l'expérience en général. Si maintenant nous considérons le règne de la liberté, nous voyons qu'il suppose des actions réglées par des lois comme s'il constituait à sa manière et par analogie une nature[1]. Une telle nature n'est certes pas donnée par l'expérience et aucun schématisme de l'imagination ne peut la déterminer, mais elle doit pourtant être possible par la liberté. En ce sens, nous dirons que je dois pouvoir ériger la maxime de mon action en *loi universelle de la nature*.

Par exemple, le désespoir justifie-t-il la destruction de la vie au nom du principe même, l'amour de soi, qui place la vie au-dessus de tout ? Poser ainsi la question, c'est aussitôt comprendre que l'amour de soi est bien incapable de constituer une nature considérée comme une législation universelle. De même, une fausse promesse n'est pas du tout une promesse et ainsi se contredit, se nie elle-même, indépendamment des conséquences à craindre qui sont assez claires pour n'avoir pas à être expliquées : comment pourrait-elle procéder d'une loi universelle de la nature ? Car il ne s'agit pas d'un impératif hypothétique déguisé, comme lorsqu'on dit, en invoquant implicitement les conséquences à craindre, par conséquent en toute immoralité : Ne fais pas à autrui ce que tu ne voudrais pas qu'on te fît. De même encore, la paresse, qui sacrifie les dons naturels au lieu de les cultiver comme les attributs d'un être raisonnable, ne peut être instituée comme loi universelle de la nature. De même enfin, ce n'est pas l'égoïsme, mais le dévouement reposant sur un principe de réciprocité, que celle-ci soit ou non effective — il faut y insister —, qui peut réaliser une nature instituée par la volonté d'êtres raisonnables. Dans tous les cas, il faut que nous puissions vouloir que la maxime de notre action ait valeur de loi universelle. Dans les deux premiers exemples, le suicide et le mensonge inhérent à la fausse promesse, la contradiction qui affecte la maxime est immédiate. Dans les deux derniers exemples, la paresse et l'égoïsme, la contradiction atteint la volonté qui les élèverait à la dignité d'une loi

---

1. *Critique de la raison pratique :* De la typique de la raison pure pratique, p. 70 sq.

universelle de la nature. D'un côté, nous manquons de rigueur ; de l'autre, nous manquons de mérite. Ainsi peut-on distinguer entre devoirs stricts et devoirs larges.

Le concept d'exception (§§ 40 à 42)

Laissons maintenant le cas où un homme est tellement soumis à la pression du groupe et à la coutume qu'il paraît ne pas même soupçonner la loi morale dans son universalité jusqu'à soutenir, comme Polémarque au début de *La République* de Platon, que la justice consiste à faire du bien à ses amis et du mal à ses ennemis. Car ce serait une erreur de croire qu'un tel homme soit à jamais incapable de se raviser, comme le prouve la suite du dialogue. Si enfoui soit le jugement sous le poids d'une éducation ou d'une influence, il est prêt à relever la tête pour peu que l'occasion lui soit offerte. Mais, en général, nous savons très bien ce que nous faisons et, pour nous excuser à nos propres yeux, nous feignons d'avoir affaire à une loi seulement générale qui, en conséquence, peut tolérer des exceptions. « Pour une fois » ou « dans ce cas présent », « en raison de circonstances particulières » : ce sont les expressions courantes par lesquelles on s'efforce de justifier l'exception injustifiable. Nous feignons de croire que les mobiles égoïstes impliquent seulement une moindre moralité, alors qu'ils opposent à la moralité une force directement contraire. Il n'y a donc pas simplement différence de degré, mais antagonisme. C'est la résistance de l'inclination qui nous pousse à atténuer à nos propres yeux la rigueur de l'universalité formelle. Quand on dit, par exemple, pour reprendre encore des formules ressassées, qu'« il ne faut pas être trop absolu » ou « qu'il ne faut pas confondre théorie et pratique, principe et réalité », ou encore qu'« il faut savoir s'adapter, évoluer », on a choisi de se placer en dehors de la moralité. L'adaptation est même devenue le mot magique qui permet de conférer aux sophismes une apparence de raison, et de justifier ainsi tous les accommodements. En prendre conscience ne doit pas conduire à faire la leçon aux autres, mais à ne pas soi-même se payer de mots. Car nous savons maintenant que le devoir est un concept qui doit avoir un sens. C'est un commandement absolu sans aucun mobile, un ordre que nul ne peut fléchir, si puissant soit-il en ce monde. Mais comment démontrer *a priori*, comme il le faudrait pourtant, que cet impératif catégorique est bien une réalité ?

Nous savons au moins une chose, c'est que nous ne devons pas tirer cette réalité de ce que nous apprend la nature humaine. Et nous ne le pouvons pas, car une loi pratique commandant sans condition ne peut dériver d'une disposition simplement naturelle de l'humanité, propre uniquement à nous fournir une maxime, un principe subjectif. Or, il n'y a pas de morale subjective. Ce que nous savons aussi, c'est qu'il existe un principe objectif valant pour un être raisonnable en général. Et de ce fait même on ne peut conclure qu'un tel commandement ne vaut pas pour l'homme : au contraire, ce qu'il a de sublime et de digne est d'autant plus éclatant qu'il se heurte davantage aux limites de notre nature.

Ni ciel ni terre (§§ 43 à 45)

Voici donc la philosophie au pied du mur. Ou plutôt sans le moindre appui, dans un vide sans direction, sans gravité. Ciel et terre se dérobant, la philosophie fait l'épreuve d'une solitude qu'elle ne peut refuser, car elle la rend à elle-même. La philosophie, c'est la raison pure ne comptant que sur ses propres forces, la raison se connaissant elle-même, ne s'appuyant hors d'elle-même sur aucune révélation surnaturelle ni en elle-même sur aucun instinct simplement donné, n'attendant rien de la nature humaine dans ses fluctuations et sa contingence, mais dictant ses principes sans avoir à en rendre compte qu'à elle-même, laissant à l'homme le choix inévitable — mais s'agit-il à proprement parler d'un choix ? — entre la conscience de sa dignité incomparable et le mépris de soi inspiré par une existence dénuée de sens.

Une basse manière de voir ne cesse de guetter la réflexion, toujours prête à céder aux sollicitations du monde, à renoncer à son indépendance, à la pureté de ses principes. La certitude morale doit donc s'armer de vigilance pour se défendre sans désemparer contre le chantage exercé par le spectacle émouvant des événements et des situations. Le monde comme il va, si on le prend un seul instant en considération pour la détermination du devoir, frappe aussitôt la morale de nullité. Il suffit de renoncer une fois par lassitude, par courtoisie, par souci de modération, à l'intransigeance philosophique pour perdre aussitôt le bénéfice des efforts antérieurs d'analyse. Le sommeil de la raison enfante un monstre, mélange de morale approximative et de clinquant, image dérisoire de la vertu défigurée.

L'humanité comme fin (§§ 46 à 53)

Il faut donc en revenir à la seule chose que nous sachions sans risque d'erreur. La loi qui commande à tout être raisonnable ne lui prescrit rien de plus que de vouloir la loi, c'est-à-dire de juger ses propres actions d'après le seul critère de l'universalité. Pour comprendre cette liaison *a priori* entre la loi et la volonté d'un être raisonnable, il faut entrer résolument dans la métaphysique sans se préoccuper des lois de ce qui arrive, mais uniquement des lois de ce qui doit arriver, même contre toute expérience. Nous ne pouvons donc trouver aucun appui sur des lois empiriques, notamment sur la psychologie. Il s'agit, en effet, de comprendre l'objectivité de la loi morale et le rapport de la volonté à elle-même. Et, s'il est possible que la raison par elle seule détermine l'action, il faut que ce soit *a priori*. Sa fin doit être alors la seule que puisse se proposer un être raisonnable en tant que tel, c'est-à-dire une fin en soi. Certes l'homme poursuit également des fins relatives, au gré des sollicitations affectives, et il met en œuvre les moyens qui lui permettent d'atteindre ces fins relatives, d'après la formule de l'impératif hypothétique. Et alors, si je fais abstraction de la moralité, je m'installe dans l'univers indifférent des moyens qui sont à ma disposition pour que je puisse parvenir à mes fins personnelles. N'y a-t-il donc rien qui puisse exister comme fin en soi et qui, ainsi, soit absolument exclu de cette sorte de manipulation technique par laquelle je me sers sans scrupule de tout ce qui m'entoure ? Ou encore est-ce que moi-même j'existe seulement comme objet parmi les objets ? Car je me sers de moi-même ou, si l'on veut, de mon corps ou de mon esprit, de mes dons ou de mes talents, comme moyens pour atteindre les fins que ma sensibilité me représente comme souhaitables, c'est-à-dire des fins subjectives qui n'ont de valeur que d'après mes inclinations, qui n'ont aucune valeur par elles-mêmes. Mais si nous sommes encore des hommes et pas seulement des choses que nous pouvons traiter à notre guise, c'est qu'il existe bien des êtres qui n'ont pas uniquement valeur de moyen, qui ont une valeur absolue, indépendante de nos besoins et de nos désirs, des êtres qui sont des fins objectives, des fins en soi, des personnes. Entendons bien qu'il ne s'agit nullement de fins à poursuivre ou à réaliser, qui seraient ainsi objets d'inclination et nous ramèneraient à l'hétéronomie. Ici, la fin est la limite absolue où doivent s'arrêter le désir et l'intérêt. Tel est le respect. La personne est inviolable. Entre la fin et la loi morale, la réciprocité est complète, sans subordination. Si donc la nature raisonnable existe comme fin en soi, si la raison est à elle-même sa propre fin, elle fournit à la volonté le principe objectif qui suffit à lui seul à la déterminer. D'où cette nouvelle formule de l'impératif catégorique : *Agis de telle sorte que tu traites l'humanité, aussi bien dans ta personne que dans la personne d'autrui, toujours en même temps comme fin, jamais simplement comme moyen.*

Si nous considérons d'abord les devoirs stricts ou de simple rigueur, nous voyons aussitôt que le suicide, par exemple, consiste à traiter l'homme en nous comme chose ou simple moyen, et même à nous délivrer de tout devoir ; que la fausse promesse signifie qu'on envisage autrui comme simple moyen, qu'on viole ainsi le principe de l'humanité et, pour tout dire, les droits de l'homme. Si maintenant nous examinons les devoirs larges ou proprement méritoires, nous comprenons qu'il ne nous suffit pas de respecter, de façon en quelque sorte restrictive, l'humanité en nous pour assurer sa simple conservation, qu'il faut encore en poursuivre le plein accomplissement par le développement de nos dispositions naturelles. De même enfin, s'agissant de nos semblables, le strict respect ne dispense pas de la générosité ; il faut que leurs fins, par exemple, leur propre bonheur, soient aussi les nôtres.

L'autonomie (§§ 54 à 59)

Il faut être clair. Nous ne cessons de nous servir de nous-mêmes et d'autrui comme moyens pour les fins qui nous intéressent, quand par exemple j'emploie mon habileté au service de ma fortune ou que je mets à profit le savoir d'autrui. La morale ne nous demande pas de bloquer, pour ainsi dire, le jeu ordinaire de la vie sociale, qui suppose toujours la subordination des moyens aux fins. Je ne peux éviter de me servir de moi-même et d'autrui comme moyen. Mais solliciter de mon semblable un service est une chose, le réduire en esclavage ou seulement le traiter par le mépris comme un simple moyen, comme un instrument, en est une autre. Quand l'existence sociale nous contraint de nous traiter mutuellement comme des moyens, nous devons en même temps savoir que nous sommes des semblables, qui exigent d'être traités absolument comme des fins. Aucune nécessité empirique inhérente à l'organisation sociale ne m'autorise à perdre de vue le principe absolu de l'humanité. La dignité proprement juridique de la personne s'impose en toute occasion, me fait un devoir de traiter l'homme, quel qu'il soit et quoi qu'il ait fait, *toujours en même temps comme fin.* Aucune nécessité technique ou économique, sociale ou politique, quel qu'en soit le prix, quelle qu'en soit l'urgence, n'est fondée à suspendre ou à différer l'absolu respect de l'humanité en tout homme. Il suffit de se représenter que toujours en tout homme la raison est ce par quoi il se définit. L'oublier, c'est nier l'homme. Aucune circonstance jamais n'a un caractère suspensif à l'égard de nos devoirs envers l'humanité. C'est en cela que la certitude morale est catégorique. Il faut certes comprendre que l'humanité n'est pas un vague idéal, comme une fin subjective que les hommes se proposeraient par simple sentiment. Ainsi l'humanitarisme, la philanthropie relèvent seulement du sentiment, non pas de la raison pratique. Il ne suffit pas de faire la charité au sens ordinaire pour témoigner du respect. Ce qui importe, c'est l'objectivité de la règle dans laquelle réside toute législation pratique. D'où cette nouvelle formule concernant *l'idée de la volonté de tout être raisonnable comme instituant une législation universelle.*

En quoi cette nouvelle formule de l'impératif catégorique dénote-t-elle un progrès, peut-être décisif, de l'analyse ? En ce qu'elle nous aide à comprendre pourquoi nous n'avons pas besoin de faire mention d'un intérêt comme mobile indispensable pour déterminer l'action. En effet, tandis que l'impératif hypothétique est parfaitement clair, étant soutenu et suffisamment expliqué par l'inclination, l'impératif catégorique restait incompréhensible : pourquoi obéir à la loi en tant que telle et pour cette seule raison qu'elle est la loi ? Maintenant, nous comprenons pourquoi il serait superflu d'invoquer un intérêt sensible, pourquoi l'inconditionné seul suffit à déterminer la volonté. C'est que l'obéissance n'a nul besoin d'un mobile extérieur au commandement lui-même. On se souvient de Rousseau : « L'impulsion du seul appétit est esclavage et l'obéissance à la loi qu'on s'est prescrite est liberté »[1]. Il est impossible de comprendre qu'il y ait un commandement sans condition, que la moralité soit dans l'obéissance sans trace d'intérêt ou de mobile, tant qu'on n'a pas vu que l'homme ne se soumet en définitive qu'à sa propre législation. Pour obéir, il faut être libre. Dans la servitude il n'est pas d'obéissance, mais seulement résignation ou révolte. L'obéissance véritable suppose que le principe du commandement soit intérieur. Si la volonté n'obéit pas à quelque chose d'autre, mais à sa propre loi, il devient aisé d'admettre qu'elle n'ait pas besoin d'être séduite par quelque attrait étranger ou forcée par une contrainte extérieure.

Autonomie de la volonté : ce principe veut donc dire, selon l'étymologie même, que la volonté n'obéit qu'à sa propre loi. Le principe contraire, l'hétéronomie, rend alors compte de tous les impératifs hypothétiques. Cette nouvelle formule de la moralité parvient-elle à renouveler le style de la morale et, pour ainsi dire, à la rajeunir ? Mais ce n'est pas seulement une question de forme. Sans créer une morale nouvelle — nous avons vu en effet qu'une telle prétention serait dénuée de sens —, cette nouvelle formule constitue bien plus qu'un progrès considérable dans l'analyse : une véritable découverte philosophique. Il fallait en effet tenir ferme et ne supposer, pour comprendre l'obéissance, aucune trace d'hétéronomie, ni attrait du bien ni crainte de Dieu. Et c'était tout à fait impossible tant qu'on ne s'était pas élevé jusqu'à l'idée d'une volonté législatrice, c'est-à-dire jusqu'à l'idée d'autonomie. Car toute morale qui propose à la volonté un bien extérieur se condamne ensuite à solliciter l'entremise de l'affectivité, ne serait-ce que par la promesse d'un bonheur futur. Le rationalisme moral suppose que le bien soit indissociable de la volonté et du sujet.

Le règne des fins (§§ 60 à 70)

Le principe d'une législation universelle conduit maintenant à l'idée d'un règne constitué par l'ensemble des êtres raisonnables, c'est-à-dire d'un règne des fins dont chaque

---

1. *Du contrat social,* livre I, chap. VIII, « De l'état civil », Pléiade, p. 365.

être raisonnable est à la fois membre en tant que soumis à la loi et chef en tant que législateur. Dans le rapport de toute action à la législation rendant possible un règne des fins consiste la moralité. C'est seulement en tant que membres ou sujets du règne des fins que nous avons des devoirs qui se présentent à nous comme contrainte morale. Mais il est essentiel que tout être raisonnable se considère en même temps comme législateur, sinon la contrainte du devoir serait reçue comme l'effet d'un arbitraire exorbitant et même fabuleux. Ne peuvent se sentir tenus à l'obéissance que des êtres ayant une dignité.

Aussi y a-t-il lieu de distinguer plusieurs ordres de valeurs. Le mot ne saurait être employé avec trop de précaution. Quel rapport y a-t-il entre le sens plein du mot valeur, par exemple dans le langage de Corneille, et sa signification usuelle quand on désigne simplement la bourse des valeurs, ce temple des valeurs fluctuantes ? La valeur d'une marchandise, c'est son prix. Mais ce mot encore se dit en plusieurs sens. Le prix marchand suit une loi empirique d'équivalence. Le prix de sentiment résulte d'une réflexion dans laquelle jouent librement nos facultés, comme c'est le cas de la contemplation esthétique. Mais une fin en soi, qui n'a ni équivalent ni condition, ne peut avoir de prix, est au-delà de tout prix : cette valeur absolue, intrinsèque, s'appelle dignité.

L'économique est l'empire du besoin. Il appartient au devenir et toutes les valeurs y sont relatives, transitoires, éphémères. Production, échange, consommation forment un système excluant toute fin absolue. C'est un monde inachevé où les êtres, comme les choses, servent seulement de moyens. Car même les fins poursuivies ne sont elles-mêmes que des moyens. Si donc il n'y avait que des besoins, si l'économique était le tout, l'homme ne serait jamais que moyen. De quoi ? De son propre bonheur ou du bonheur des autres ? On chercherait en vain la fin des fins.

Nous avons affaire toutefois à une réalité incontournable. Je me sers du marchand, du médecin et ils se servent de moi. Conception bourgeoise de la vie : l'homme a un prix, mais il est plus ou moins précieux, et cette évaluation est tributaire de conditions empiriques, par exemple du régime économique en vigueur. La fluctuation des valeurs repose sur un principe incertain d'équivalence qui s'applique indifféremment aux hommes et aux choses. Marx voudra retrouver la rationalité de l'économique d'après un principe universel, la valeur du travail humain libéré et non plus aliéné[1], principe de transformation de la nature, moteur de l'histoire. Ce ne sera plus alors le besoin, mais l'action sous la forme du travail, qui tiendra lieu de principe pour l'économie et pour l'histoire en général. Il s'agira bien de retrouver l'homme, de l'ériger en principe, mais cette fois comme être de travail, de production. La question est alors de savoir si c'est par le travail que l'homme touche à l'universel. Le travail est-il pour l'homme sa raison suffisante ? Au moins aura-t-on compris que l'homme ne doit pas être traité comme une marchandise, qu'il transcende le système des intérêts. Mais l'homme n'est ni ceci ni cela ; il n'est pas plus travailleur que savant. Il ne se mesure pas, il n'a pas d'équivalent : comme fin en soi, il est rigoureusement inqualifiable.

Même le sentiment désintéressé que nous inspirent les qualités esthétiques ne peut être mis en balance avec la certitude morale. Et, d'une façon générale, l'art ne peut être substitué au devoir. La morale, quoi qu'on ait pu dire, n'est pas une dépendance de l'esthétique. Elle ne doit même pas chercher à mettre en avant, au titre d'adjuvant pédagogique, ce qui peut plaire dans la conduite raisonnable pour obtenir par insinuation ce qui est dû au seul respect.

La personne *(ibid.)*

Car il s'agit essentiellement de respecter l'homme, c'est-à-dire pour l'homme d'abord de se respecter lui-même. Toute la morale repose sur la reconnaissance de l'humanité en chacun de nous comme être distinct, séparé, semblable ; il n'y a pas d'humanité collective et un groupe représente tout ce qu'on veut, sauf l'humanité : on sait à quel point la solidarité du groupe fait perdre le sens des devoirs élémentaires ! Un homme ne se définit pas par sa différence culturelle, son appartenance à un groupe d'origine, selon le paradoxe culturaliste. Son identité personnelle, son unicité, aucune sociologie jamais ne pourra l'en dépouiller. L'homme n'est pas davantage l'individu empirique, synthèse de sentiments, de pensées, d'une histoire, sorte de totalité concrète

---

1. On peut se reporter notamment aux Manuscrits de 1844, *Œuvres*, Pléiade II, « Le travail aliéné », p. 56 sq.

ouverte à l'intersubjectivité au sens du personnalisme. L'humanité en nous, c'est la personne qui n'est ni substance, ni personnalité au sens psychologique du terme, mais liberté pure. Aussi n'y a-t-il pas de hiérarchie : l'égalité a un fondement métaphysique, irréfutable à l'expérience. Entendons encore que rien n'est respectable qui soit seulement de l'ordre de l'existence empirique, ni le pouvoir, ni l'histoire. De même tenir sa promesse ou rendre un dépôt, ce n'est pas respecter la propriété, qui n'est à aucun titre respectable en elle-même, c'est respecter l'homme, c'est se respecter soi-même. Tel sera le fondement du droit, qui ne concerne pas les choses, mais les êtres. L'autonomie est un principe de dignité. La morale est la conviction que non seulement l'homme est possible, mais encore qu'il doit être. L'humanité n'est pas un fait donné qui serait à décrire ; il dépend de nous qu'elle soit. Un seul impératif : décréter l'homme. La personnalité vraie, c'est la loi morale en acte.

Le règne des fins n'est donc ni la nature ni la grâce[1]. Il n'est pas une totalité dénombrable. Il n'est pas non plus un vague idéal. Il n'est pas une communauté à laquelle je devrais me référer pour savoir ce que je dois faire : ni Dieu ni l'Histoire. Il est compris dans le concept de volonté comme raison pratique. Il est de l'ordre non pas de l'être, mais du devoir être. S'il faut vouloir l'homme, c'est que le règne des fins n'est pas un monde observable qu'on pourrait décrire, dont on pourrait tirer les lois empiriquement, dans lequel on pourrait s'installer. L'homme est au-dessus de tout prix, cela veut dire qu'il est d'un autre ordre au sens de Pascal, passant infiniment ce qu'il y a de meilleur au monde.

C'est pourquoi il faut bien s'entendre sur la signification de l'être raisonnable. Au sens usuel et mineur, être raisonnable, c'est être modéré, ennemi des excès, ami des compromis ; l'homme raisonnable est celui que l'expérience dispense de confondre théorie et pratique, qui sait en rabattre sur les principes : voilà le tombeau de la raison. C'est à l'opposé que se tient l'être raisonnable au sens vrai, l'être capable de tenir une conduite rationnelle. Et cette rationalité n'est pas

---

1. Il n'est jamais de bonne méthode d'inventorier les antécédents pour expliquer une grande pensée philosophique. Il est dommage que d'éminents historiens de la philosophie n'aient pas su résister à la tentation de reconstituer un Kant piétiste.

discursive ; elle ne réside pas dans l'enchaînement des actions. Une vie morale n'est pas une vie bien organisée. La moralité est uniquement dans le principe déterminant. Un être raisonnable est un être doué de raison, ce qui lui confère un rang et lui donne des semblables : il est libre, égal, fraternel. Il ne transige pas avec les principes. La raison ne s'accomplit pas dans le juste milieu, mais dans le sublime.

Le sujet législateur *(ibid.)*

En résumé, toute la morale tient en une seule et même proposition dont la formulation peut varier selon l'aspect mis en évidence : l'universalité, c'est la *forme* ; l'être raisonnable comme fin en soi, c'est la *matière* ; notre législation comme instituant un règne des fins, c'est la *détermination complète* de la moralité : unité de la loi, pluralité des êtres et leur synthèse, la totalité du règne moral[1]. Mais le principe initial et fondateur du jugement moral demeure énoncé par la première formule : *pouvoir ériger la maxime en loi universelle*. On ne se privera pas pourtant de l'intérêt surtout pédagogique des deux autres formules.

Autrement dit, nous finissons par notre commencement : la volonté inconditionnellement bonne, celle dont la maxime peut être portée à l'universel, celle en conséquence qui, étant exempte de contradiction, ne peut entrer en conflit avec elle-même, celle enfin dont la législation peut être considérée comme analogue à celle de la nature. Quant à l'être raisonnable comme fin en soi, il est bien la matière de l'action, mais comme fin existant déjà par soi, non pas comme fin à réaliser. Il est une fin en quelque sorte négative en ce sens qu'elle ne peut jamais servir de moyen mais constitue la limite absolue de toute action possible. Cette condition limitative suprême dans l'usage des moyens ne signifie rien d'autre que la prérogative absolue du sujet législateur. Entendons que le sujet moral se détermine non pas d'après un point de vue individuel, mais d'après celui de tout être raisonnable. Pouvoir universaliser sa maxime, c'est adopter le point de vue de l'universel, se hausser soi-même à l'universalité et ainsi, comme on voudra, reconnaître ou conquérir sa dignité. Le sujet moral est donc celui qui se sent responsable de

---

1. Unité, pluralité, totalité relèvent de la catégorie de la quantité. Cf. la note 28.

l'humanité dans son unité, sa pluralité et sa totalité. Cet usage direct des catégories exclut tout schématisme, car aucune intuition ne leur correspond. Dans ces conditions, l'homme est pour lui-même non seulement comme la donnée non empirique qui constitue la limite absolue de toute action, mais encore comme une tâche.

Dans cette tâche, il est vrai, je ne peux répondre que de moi. Je n'ai pas à attendre que les autres coopèrent à la construction d'un règne des fins, ni que la nature s'accorde avec moi et prenne en compte mon aspiration au bonheur. Rien ne peut exempter le sujet moral d'une absolue solitude dans sa détermination. Même dans l'hypothèse d'un accord entre nature et moralité, celle-ci n'en devrait pas moins être jugée en elle-même, estimée d'après le seul désintéressement. Autrement dit, la rigueur morale ne peut être si peu que ce soit atténuée par des spéculations sur un au-delà de l'histoire ou de l'existence. L'autonomie reste la pierre de touche. Il faut être plus ou moins qu'homme pour ne ressentir aucune obligation : la volonté sainte est celle qui, ayant dépassé l'opposition du permis et du défendu, accomplit la loi morale sans avoir à éprouver le sentiment du devoir. Quant à la sublimité, elle est à l'opposé de l'humiliation qui affecte notre sensibilité ; elle appartient à la conscience législatrice comme principe de sa propre soumission.

Bilan de l'analyse philosophique (§§ 71 à 86)

Nous voici à l'heure du bilan. *L'autonomie de la volonté, principe suprême de la moralité,* engage une proposition synthétique *a priori,* puisque, d'une part, le concept de loi n'est pas impliqué dans celui de volonté et que, d'autre part, leur synthèse ne relève pas de l'expérience. Il faut comprendre comment l'autonomie peut être un commandement. Ce sera l'objet de la TROISIÈME SECTION. L'hétéronomie ne pose pas un tel problème philosophique. Son examen a surtout pour intérêt de mieux faire comprendre ce à quoi elle s'oppose. L'essentiel est ceci : la volonté qui ne se donne pas à elle-même sa loi reste à la merci de l'objet. Je tiens ma promesse pour conserver mon crédit, je fais une chose parce que j'en veux une autre. A l'opposé, l'impératif moral fait abstraction de tout objet afin d'exclure tout intérêt. Si, par exemple, je travaille au bonheur d'autrui parce qu'il m'intéresse, cette conduite qui peut bien n'être pas du tout blâmable n'est toutefois d'aucun mérite.

Reste à distinguer deux doctrines de *l'hétéronomie*. Il y a, d'une part, l'empirisme[1], qui suppose un sens moral fondé sur la constitution de la nature humaine et le principe du bonheur personnel. Un certain rationalisme, d'autre part, transportant en Dieu notre idée de la moralité, met en avant le concept ontologique de perfection[2], qui, si indéterminé soit-il, vaut encore mieux que la subordination à une volonté transcendante que nous ne pouvons connaître, mais qui, à travers des représentations redoutables, la puissance et la vengeance de Dieu, nous conduit aux antipodes de la moralité. Dans l'éducation, la morale doit précéder la religion : parler de Dieu à l'enfant avant de l'entretenir de ses devoirs, c'est l'engager sur la voie de l'hypocrisie. Une théologie prétendant à la connaissance effective de Dieu serait l'ennemie de la morale, car elle transformerait le respect en crainte. Si, enfin, l'on peut estimer qu'un rationalisme inconséquent est encore supérieur à un empirisme qui reste entièrement en deçà du problème moral, il vaut mieux abandonner aux professionnels le jeu stérile des réfutations. Qu'il nous suffise de constater que dans tous les cas nous avons affaire à des doctrines d'hétéronomie.

L'hétéronomie, c'est d'agir sous condition : *si* ou *parce que* je poursuis telle fin, alors je dois agir de telle façon. Il est clair que c'est s'en remettre au hasard des inclinations et à la contingence des choses. Donc, il faut surtout comprendre l'incertitude radicale à laquelle l'hétéronomie condamne notre conduite. L'idéal de perfection, aussi bien que l'aspiration au bonheur personnel, subordonne la volonté à des objets simplement possibles. La volonté ne se détermine pas immédiatement elle-même, mais elle se plie à la représentation d'un objet présumé. A la lettre, elle ne fait pas ce qu'elle veut. C'est en cela que la formule de l'hétéronomie revient à se dire, comme nous avons vu : *Je dois faire telle chose parce que je veux telle autre chose*. A la merci du mobile qui incline dans un sens ou dans un autre en raison

---

1. La *Critique de la raison pratique*, livre I, chap. I, théorème IV, scolie 2, propose un tableau complet des principes de l'hétéronomie.
2. Wolf et son école.

de la complexion psychologique du sujet, de son désir, de son imagination, mais aussi de l'événement qui se présente, la volonté n'a pas de loi qui lui soit propre. Elle est véritablement désorientée, cédant à la coutume, à l'opinion, à des sollicitations qui lui sont étrangères, comme si elle attendait toujours sa loi d'autre chose que d'elle-même. Faire ce qu'on veut, c'est-à-dire faire ce qu'on peut véritablement vouloir en tant qu'être doué de raison, tel est donc le principe de la morale.

Il suffit à la conscience commune de s'interroger pour distinguer sans faute la volonté du désir. Car le désir n'est pas un principe d'action. Force de la nature, il ne commande pas, à proprement parler, mais il est lui-même conditionné, comme toutes les forces. La nature est déperdition des forces. Toute force est involontaire. Et l'on sait que définir la force, c'est en finir avec la force, ce que prouve éloquemment le fameux principe de l'inertie : la nature livrée à elle-même ne se tient pas. S'en remettre au seul désir, c'est donc abdiquer, se faire nature, se croire empire dans un empire, par illusion. Illusion double, car l'objet du désir n'appartient pas simplement au monde déterminé de l'expérience, et ainsi il n'est pas connu dans l'objectivité qui lui est propre. C'est le besoin ou le désir qui rend l'objet irrésistible. La subjectivité psychologique construit son monde, qui n'est pas le monde. En conséquence, vouloir n'est pas désirer, incliner, pencher, flairer, ni choisir le plus avantageux. Et l'embarras du choix n'est pas signe de la puissance, mais de la déperdition du vouloir. Il n'y a donc pas de milieu entre l'autonomie et la morale de l'intérêt.

L'inconditionnalité *(ibid.)*

Nous avons dit en quoi consiste l'inconditionnalité, clef de voûte de la certitude morale. Elle signifie que l'impératif catégorique, principe de la volonté absolument bonne, ne nous dicte jamais *ce qu'il faut faire* et n'intervient pas dans le contenu de nos actions. Il est indéterminé et indifférent à l'égard de tous les objets : sa détermination est ailleurs. C'est donc être à côté de la question que d'imaginer une morale attachée à garder les mains pures. Car la morale n'est ni un art de vivre ni un projet de vie. Elle nous laisse entièrement libres à cet égard. Elle n'intervient ni dans nos choix, ni dans nos aspirations quant à leur contenu. Notre vie relève de notre initiative et de notre invention. Mais, pour ce qui est de la *forme du vouloir* en général, nous sommes tenus de préserver notre autonomie, de la maintenir comme principe. Quand je suis tenté de désespérer ou encore de faire une exception à la règle de justice, alors s'impose irrévocablement la question de savoir si la raison accepte de porter ma maxime à l'universalité. La morale tient uniquement en ce point. Dès qu'on l'a compris, tout est dit.

Reste encore à savoir *comment une telle proposition pratique a priori est possible* et même nécessaire. Car nous n'avons jamais été en mesure d'en apporter la preuve. Nous avons bien procédé à une analyse consistant à remonter de la conscience commune à ses présupposés philosophiques. Mais, tandis que la critique de la raison théorique peut partir d'une science constituée pour remonter jusqu'à ses conditions de possibilité, ici nous ignorons si la moralité a jamais été effective. Nous n'avons donc encore rien à répondre à ceux qui tiendraient la moralité pour une chimère, qui contesteraient sa signification, même comme simple fait de raison[1], comme pure exigence. Pour établir la nécessité de l'impératif catégorique, il est donc besoin de procéder d'une autre manière. Mais, pour savoir si un usage cette fois synthétique de la raison pure pratique est possible, il faut d'abord entreprendre une critique de cette même raison. Qu'il suffise dans ce qui suit d'en dessiner le projet pour que, d'une part, le lecteur ne prenne pas ce qui précède à la légère et, d'autre part, mesure l'ampleur de la tâche qui reste à accomplir.

---

1. Cf. la *Critique de la raison pratique*, p. 30 sq.

TROISIÈME SECTION

De la métaphysique des mœurs à la critique de la raison pure pratique

La TROISIÈME SECTION *suivant, à l'inverse des deux précédentes, la méthode synthétique, anticipe directement, quoique d'une manière mesurée, sur la* Critique de la raison pratique. *La liberté est la clef de l'autonomie. Mais la grande question est de savoir comment la moralité peut être un mobile efficace pour la volonté ; elle peut se formuler ainsi : comment l'impératif catégorique, qui est une proposition synthétique (unissant la volonté et la loi)* a priori *(indépendante de toute expérience) est-il possible ? Cette question conduit à la limite extrême de toute philosophie pratique.*

La liberté, clef de l'autonomie (§§ 1 à 3)

L'autonomie de la volonté conduit à la liberté comme à son principe, à la condition qui lui donne un sens. Mais il faut examiner de près les concepts en cause. La volonté est une sorte de causalité et la liberté est le pouvoir qu'aurait cette causalité de se déterminer d'elle-même, indépendamment de toute cause extérieure. Cette causalité serait donc à l'opposé de la causalité naturelle excluant, on le sait, tout changement dans les phénomènes qui ne serait pas déterminé dans le temps par une cause distincte. Cette définition négative a cependant l'intérêt très positif de rapprocher le concept de liberté de celui de loi. Et, en effet, la liberté n'est pas la faculté d'agir de façon indéterminée, autant dire un pur néant ; elle est au contraire une causalité se déterminant d'après des lois immuables, quoique sans rapport certes avec celles de la nature. Car, d'après les lois qui règlent les phénomènes naturels, rien n'arrive sans l'action d'une cause étrangère. En ce sens, la nature, c'est l'hétéronomie. A l'opposé, l'autonomie est une détermination interne, indépendante de toute intervention extérieure. Mais une volonté qui est à elle-même sa loi, c'est l'impératif catégorique. Volonté libre et volonté soumise à la loi, se déterminant elle-même d'après la loi, sont donc une seule et même chose.

Il suffit donc de supposer une volonté libre pour en déduire la moralité. Reste toutefois que l'idée d'une loi universelle n'est pas comprise dans celle d'une volonté absolument bonne comme les trois angles sont compris dans le concept de triangle ou l'étendue dans le concept de corps. La seule analyse d'un concept ne permet pas d'avancer : il faut sortir du concept de triangle et construire pour trouver la somme des angles. En mathématiques, la synthèse se fonde *a priori* sur la forme pure de l'espace et du temps. C'est également le cas en physique, au moins dans la mesure où le temps permet de penser l'antériorité de la cause. Pour le bien comprendre, il faut suivre la longue démonstration de la *Critique de la raison pure* : l'entendement ne peut rien connaître à vide au moyen des seuls concepts purs ou catégories, mais celles-ci doivent s'appliquer à l'intuition sensible ; ce travail de la connaissance s'appelle schématisme : ainsi, la succession des phénomènes dans le temps est le schème de la causalité. Dans l'ordre pratique, en morale, la condition de la synthèse entre volonté bonne et loi universelle n'est autre que la liberté au sens positif. Mais celle-ci ne peut être perçue ni sentie ; elle échappe entièrement à l'intuition qui nous donne le monde sensible et nous permet ainsi de le déterminer par l'entendement. Il nous faudrait une intuition intellectuelle dont nous avons bien l'idée, puisque nous pouvons penser l'inconditionné et nous régler sur cette idée pour reconnaître les limites de notre science. Mais cette intuition, nous ne pouvons l'effectuer, faute d'un schématisme qui lui corresponde. Toute la difficulté de la philosophie pratique, c'est qu'il n'existe pas de schématisme permettant de passer de la volonté législatrice à son action effective dans la nature. Il y a un schématisme théorique, mais il n'y a pas de schématisme pratique. La raison privée d'appui dans le sensible doit alors renoncer à connaître et se résoudre à penser. Ce n'est pas la fin de la métaphysique, mais au contraire son renouvellement : la métaphysique, ou pensée pure qui ne compte sur aucun appui dans le sensible, c'est toute la philosophie.

Penser la liberté : cette difficulté philosophique est peut-être la plus grande de toutes. Non pas que la liberté se présente à nous comme le produit d'une rêverie douteuse. Mais la certitude dont elle est l'objet dans son rapport avec l'autonomie ou la loi morale ne s'accompagne pas immédiatement d'une grande clarté conceptuelle. Il faut se garder de confondre certitude morale et transparence spéculative.

Définir toutefois la volonté comme faculté d'agir d'après des maximes, c'est déjà mettre en question la toute-puissance des mobiles sensibles, penser que la volonté n'est pas simplement une force soumise aux lois naturelles, ou une résultante de forces, mais qu'au moment même où elle suit une pente naturelle elle en fait sa maxime. Sinon, on n'aurait que faire d'un concept de volonté se surajoutant inutilement au jeu psychologique des inclinations dans un être qui n'avait rien auparavant de raisonnable. S'il existe une volonté, elle doit être responsable de ce qu'elle fait. Et, si elle suit un intérêt, c'est qu'elle en avait fait, tacitement ou implicitement, sa règle. C'est dire que la dérive passionnelle est encore, en un sens, le fait d'un être raisonnable. Et, en effet, on ne voit pas pourquoi soudain surgirait une volonté capable de suivre une loi étrangère au jeu des passions, une loi universelle. Faut-il donc admettre, si obscure que soit l'intimité du moi, que toute volonté soit dès l'origine placée devant un choix, que s'abandonner aux impulsions ou aux intérêts, ce soit déjà choisir ? Car, si je n'étais pas capable de choix, je ne comprendrais pas comment la loi morale pourrait avoir pour moi la moindre signification. En d'autres termes, l'autonomie elle-même, par laquelle la liberté s'accomplit de façon pleinement positive, devrait supposer au préalable le pouvoir de choisir, qu'on peut appeler liberté transcendantale, comme dans l'examen de la *Troisième Antinomie* de la *Critique de la raison pure*, ou encore libre arbitre, ce qui signifierait que la sujétion de l'hétéronomie suppose elle-même un consentement. Mais n'est-ce pas comme si l'on disait qu'on est libre de ne pas être libre ? Or, nous savons que la liberté commence avec l'autonomie, qu'il n'y a pas de liberté sans loi. Au fond, nous savons bien que nous n'avons pas le choix, que nul n'a le choix, qu'imaginer même la possibilité d'un choix, c'est s'établir dans l'immoralité, que la liberté n'a aucun sens hors de l'autonomie. Mais le caractère fini de notre nature, qui n'est pas tout entière raison, nous laisse croire que nous avons le choix.

La liberté ainsi comprise est difficile à concevoir, car nous

nous heurtons à l'admirable pensée grecque qui place toute sa confiance dans la raison et la connaissance. Comment pourrait-on savoir vraiment ce qui est juste et n'en pas faire la règle de sa conduite ? demande Socrate. L'injuste n'est-il pas nécessairement celui qui croit à tort être juste, qui se trompe sur la justice ? Car ce ne peut être le fait d'un être raisonnable que de vouloir être injuste en connaissance de cause. La méchanceté est donc une erreur plutôt qu'une faute au sens moral : personne n'est méchant de son gré. Il est vrai que Kierkegaard verra dans le propos socratique une formule ironique : savoir le juste et faire l'injuste, quelle farce[1] ! C'est qu'il n'est pas facile de penser que le méchant l'a voulu.

Si maintenant nous revenons à nos concepts, nous devons convenir que l'autonomie n'est pas donnée et comme un cadeau que la nature aurait mis dans notre berceau, qu'elle ne nous échoit pas comme par enchantement et que le titre d'être raisonnable n'est pas une assurance pour la vie. Faire de l'autonomie le principe de la morale, c'est donc admettre que l'hétéronomie est l'ordinaire et que nous sommes à tout moment au carrefour de deux routes, comme on l'a vu. Car la méchanceté ne peut consister simplement dans des dispositions naturelles. Le mal n'est pas l'amour de soi, mais la subordination du devoir aux intérêts personnels. Comment un homme peut-il faire le mal, non pas par simple inadvertance, par erreur, mais par malice en vertu de sa propre maxime, sans aller certes jusqu'à faire de la désobéissance son mobile, ce qui serait proprement diabolique, c'est une question qui appellerait d'autres développements[2]. Une chose pourtant est acquise. L'autonomie signifie que la liberté nous est révélée par la loi et par elle seule. Sans doute encore peut-on se détourner de la loi et même la contredire, mais cela même n'est possible que par la conscience de la loi. Sans doute la conscience de la loi ne pourrait-elle advenir à

---

1. *Traité du désespoir* (Gallimard, 1939) : la définition socratique du péché, p. 187.
2. Cf. notamment *La Religion dans les limites de la simple raison*, Première Partie, § 4 : « De l'origine du mal dans la nature humaine ».

un être privé de libre arbitre. Reste que liberté et conscience de la loi sont indissociables[1].

La liberté, propriété de la volonté (§ 4)

La moralité n'a de sens que pour un être libre. La liberté est propriété de la volonté chez tous les êtres doués de raison. Il suffit donc de ne pouvoir agir que sous *l'idée de la liberté* pour être réellement libre. Qui se sait libre se sent obligé et réciproquement. Peu importe ici que nous prenions de l'avance sur la philosophie théorique : car la morale ne peut pas attendre. A peine devons-nous signaler le risque que la spéculation ferait courir à la moralité au cas où le présupposé de la liberté devrait céder le pas au mécanisme de la nature. Aussi n'avons-nous pas à nous charger ici du fardeau qui pèse sur la théorie. Ce n'est nullement un coup de force. Même si nous ne savions rien d'autre, nous saurions encore qu'un être doué de raison ne peut véritablement agir qu'en présupposant sa liberté. La raison n'accepte pas de détermination étrangère : elle veut être à elle-même sa loi. L'affirmation de la liberté ne peut être simplement exposée aux risques de la spéculation : elle se présente d'abord comme une obligation morale.

Que la moralité se ramène à la liberté et que celle-ci soit indémontrable, c'est une indication suffisante sur la relation de la philosophie spéculative et de la philosophie pratique. S'il n'est aucun doute sur ce que nous devons faire, il nous faut pourtant renoncer à avoir le dernier mot sur le fondement de la morale. La pratique nous engage dans un monde invisible dont la connaissance nous est refusée. Nous ne sommes pas seulement des êtres doués de raison : notre ambition théorique est à jamais tributaire de l'intuition sensible qui limite notre pouvoir de connaître. Pour établir une théorie de la liberté, il faudrait accéder aux choses telles qu'elles sont en soi, avoir une intuition rationnelle proprement divine de l'être en tant que tel. D'où le paradoxe : notre savoir restant en deçà de la certitude qui doit gouverner notre vie, non seulement la philosophie pratique ne peut pas s'établir sur la philosophie spéculative, mais encore, sans

---

1. *Critique de la raison pratique*, p. 29.

prétendre cependant à une connaissance proprement dite, c'est la première qui va le plus loin.

L'intérêt désintéressé (§§ 5 à 9)

Reste pourtant à expliquer que la morale soit pour nous quelque chose. Nous avons assez dit, en effet, que l'intérêt n'est pas le chemin du devoir, que c'est à l'écart, ou plutôt à l'encontre de l'intérêt que la morale établit sa souveraineté. Il n'y a pas de morale subjective. Il faut cependant que je puisse d'une certaine façon prendre un intérêt au devoir ; et, d'ailleurs, le *je dois* est proprement un *je veux*, même si chez un être doué de sensibilité la nécessité subjective est loin de coïncider avec la nécessité objective, ce qui empêche d'éliminer l'idée de contrainte. Aurait-on peur des mots ? Osons dire que non seulement je prends intérêt à l'universalité de la loi, mais encore que je ne connais nulle part dans le monde d'intérêt plus élevé, qu'elle m'inspire, et elle seule, le sentiment de ma valeur propre, qu'en comparaison l'intérêt lié à l'agréable ne compte pour rien. Comment cela est-il possible ? Comment comprendre que l'idée morale exige un désintéressement radical, découvre en même temps et par là même la valeur absolue de la personne, valeur qui est audelà de tout prix, qui passe infiniment tout le reste ? En un mot, d'où vient que la loi morale oblige ? Et comment sortir du cercle ? La moralité est dans la soumission à la loi, mais cette soumission elle-même suppose la liberté de la volonté. Sans doute faut-il reconnaître comme réciproques les concepts qui permettent d'énoncer les deux faces de l'autonomie : la volonté libre, la volonté législatrice. Il n'en reste pas moins que l'autonomie sert à expliquer la loi par la liberté et réciproquement.

Les deux mondes (§§ 10 à 16)

C'est toujours à l'extrême de la difficulté que la philosophie trouve la solution la plus simple et même accessible d'une certaine manière au sens commun. L'intelligence ordinaire la moins cultivée ne s'en tient pas aux choses telles qu'elle les voit ; elle suppose volontiers derrière les choses une réalité invisible et douée de spontanéité. Tel est le cas du fétichisme dont l'erreur paradoxale est peut-être seulement de prêter à l'invisible la forme du visible. Reste qu'il est aisé de le comprendre : nous ne connaissons pas les objets en eux-mêmes, mais seulement comme ils nous affectent, ce qui signifie que nous ne pouvons pas en quelque façon sortir de nous pour voir (ce mot même fait éclater la contradiction) les choses comme elles sont. Dans ces conditions, si nous pouvons bien compter que notre connaissance s'étende toujours davantage, il serait vain d'espérer faire la percée qui libérerait la connaissance de son assujettissement à la sensibilité, à notre manière d'appréhender les phénomènes, qui est constitutive. Il y a donc le monde que nous percevons, le seul sur lequel nous pouvons établir notre science nécessairement relative, mais aussi le monde que nous concevons, que nous ne pouvons que concevoir, que nous devons toutefois concevoir pour expliquer qu'il y ait des choses indépendantes de nous et qu'elles puissent nous affecter d'après nos propres conditions. D'où la distinction, reprise de Platon et déjà célèbre, entre un monde sensible et un monde intelligible, entendons ici un monde dont nous ne pouvons rien connaître puisqu'il échappe à toute perception, mais dont l'intelligence seule forme l'idée. Il est essentiel de comprendre toute la portée de cette distinction, car elle s'applique à l'homme lui-même. Et, en effet, la connaissance psychologique est relative à la manière dont nous nous apparaissons à nous-mêmes, au sens intime, à la succession de nos états dans le temps. Il faut donc qu'il existe au-delà des phénomènes psychologiques un *moi* qui se dérobe à la connaissance, mais que nous devons nécessairement penser comme fondement de ces phénomènes et dont seule l'activité pure, à la différence de la passivité ou réceptivité sensible, nous donne l'idée. Surtout, n'allons pas croire que grâce au sens intime notre connaissance de nous-même ait la moindre supériorité sur celle des choses. La distinction déjà faite entre le sensible et l'intelligible s'applique sans restriction à la connaissance de soi. La psychologie n'a pas plus de profondeur que la physique. L'*Esthétique transcendantale* sur laquelle s'ouvre la *Critique de la raison pure*[1] limite une fois pour toutes notre connaissance aux seuls phénomènes. Sans

---

1. *Critique de la raison pure.* La première partie, l'« Esthétique transcendantale », établit que toute notre connaissance est relative à notre sensibilité, c'est-à-dire aux formes *a priori* de l'espace et du temps.

cette découverte mémorable, il serait à jamais impossible à la philosophie spéculative de penser l'impératif catégorique, car la raison aurait alors tout lieu de contester la liberté qu'elle admet sans discussion dans son usage pratique.

Le monde moral *(ibid.)*

Il n'y a aucun doute à cet égard : nous avons assez dit qu'il est exclu de rencontrer quelque spontanéité que ce soit dans la nature telle qu'elle nous apparaît d'après notre constitution sensible et qui fait l'objet de la science. La seule spontanéité pure, nous la trouvons en nous, non pas, comme on le croit souvent, dans les impulsions et les appétits dont on peut toujours chercher la cause dans ce qui précède selon l'ordre du temps[1], mais dans la raison. Nous disons la raison et non pas l'entendement, dont la spontanéité sert seulement à constituer l'unité de la conscience théorique et à fournir les règles de l'expérience, faute de quoi il ne pense rien. Nous disons encore la raison, car elle seule est capable de s'élever au-dessus du sensible jusqu'aux Idées, jusqu'à l'inconditionné, comme Platon voulait. Mais cette raison même, moyen unique pour nous de dépasser notre condition pour pouvoir la penser, n'est pas à chercher dans quelque région lointaine d'accès difficile : elle est en nous, au plus profond de nous. Il serait vrai de dire que le pôle d'après lequel je m'oriente n'est pas de ce monde. Mais l'autre monde, nous n'avons pas à le chercher hors de nous ; ou plutôt nous n'avons pas à le chercher du tout, et d'ailleurs nous ne le trouverions pas, car il est Idée pure. L'office propre de la pensée est de nous élever au-dessus de toute représentation, jusqu'à l'idée d'un être raisonnable, mais idée sans laquelle les tâtonnements laborieux de notre analyse n'auraient guère de sens. Avec ses impulsions et ses passions, l'homme est bien un être de la nature aux lois de laquelle il participe sans restriction ; par la conscience de la moralité, il appartient aussi à ce monde invisible, inconnaissable, mais concevable, *intelligible,* dont les lois sont indépendantes de la nature, et relèvent entièrement de la raison. Ainsi, se déterminant hors

---

1. *Critique de la raison pure :* Dialectique transcendantale, Troisième Antinomie, pp. 348-351.

du temps, la causalité de la volonté peut être dite libre. Telle est bien l'autonomie, principe suprême de la moralité.

Mais cette fois-ci l'apparence du cercle est dissipée. Nous disions à peu près : s'il y a une loi morale, il faut que nous soyons libres, et si nous sommes libres, il faut qu'il y ait une loi morale ; ou encore : la liberté pour la loi et la loi pour la liberté. Maintenant, nous savons que c'est en tant que membres du monde moral, du monde invisible constitué par les seuls êtres raisonnables, que nous avons une volonté législatrice. Ainsi, la moralité nous apparaît clairement comme une conséquence de l'autonomie. Il existe un monde purement intelligible des personnes, une république invisible des esprits dont nous sommes membres ; et ce titre seul nous confère une dignité. Quant au devoir et à la contrainte qu'il exerce sur nous, il s'explique par le fait que par nos inclinations nous appartenons également au monde sensible. Nous voilà donc dispensés d'adhérer sans comprendre comme des âmes bien pensantes ; nous sommes désormais éclairés par la raison philosophique.

Retour à l'impératif catégorique (§§ 17 à 19)

Deux interprétations de l'homme : d'un côté, l'homme comme raison et volonté, l'homme comme causalité effective et comme principe ; de l'autre, l'homme comme être naturel, comme simple partie du monde sensible, dont en conséquence l'action n'est qu'un enchaînement d'intérêts et de passions. De là deux descriptions possibles de l'humanité qui se partagent la littérature et l'histoire. D'un côté, la certitude d'une dignité, de l'autre la quête éperdue du bonheur : soit l'autonomie pure, soit l'hétéronomie sans recours. Mais, en vérité, ce qui fait l'homme, c'est qu'il n'est ni cet être raisonnable dont la volonté se déterminerait sans entrave, ni cet être naturel dont la volonté se réduirait à un jeu de forces qu'elle ne maîtrise pas. Ou plutôt, il est à la fois l'un et l'autre. A la fois, c'est-à-dire un être libre, mais dont la liberté ne va pas de soi, un être de volonté, mais dont la volonté doit se conquérir elle-même ; et aussi un être asservi à ses intérêts et à ses passions, mais qui, alors même, sait qu'il n'est pas condamné à cette condition, qu'il ne lui suffit pas d'être ce qu'il paraît. Et la liberté elle-même est tout le contraire d'une condamnation. Répéter avec tant d'insistance que l'impératif catégorique est à la fois *a priori* et synthèse (comme un théorème de géométrie associant le concept et l'intuition), c'est surtout souligner l'ambiguïté du concept de volonté. Que la volonté bonne soit en même temps volonté législatrice, cela posait déjà un problème ; que la même volonté soit tributaire de l'intérêt affectif et renferme en même temps la loi à laquelle elle doit se soumettre, voilà une difficulté que seule peut résoudre, comme nous l'avons vu, la distinction des deux mondes.

Il faut cependant toujours garder présent à l'esprit que l'idée d'une causalité inconditionnelle, d'une causalité libre de toute condition, demeurerait une idée vide si elle ne recevait pas effectivement une détermination pratique attestée par la seule conscience de l'obligation. Elle ne prend, en effet, consistance que par l'action. L'usage transcendant de la raison ne peut pas du tout être spéculatif : il est exclusivement moral. Voilà pourquoi les exemples de loyauté, de générosité, de noblesse, qui certes, nous le savons, ne peuvent en rien nous servir de critère, ont le mérite de mettre sous les yeux l'effectivité de la loi morale ; ils nous assurent que pour l'homme l'idéal de l'homme n'est pas un rêve vague et vide. Même le pire scélérat, si on lui suppose l'usage ordinaire de la raison, ne peut y être insensible, et il découvre, aussi confusément qu'on peut l'imaginer, et même s'il s'avère incapable de se ressaisir, qu'il a une âme. L'homme sait qu'il n'est pas seulement dans son fond ce qu'il paraît, qu'il ne se réduit pas à son histoire, à sa biographie. Avoir une âme est le fait d'un être qui peut s'élever à un principe de jugement sans point d'appui en ce monde. La sainteté est la parfaite souveraineté de l'âme qui est au-delà de tous les efforts et de tous les refus. La grandeur d'âme est la vertu triomphante d'un être qui n'est pas exempt du combat, de l'opposition de soi à soi, qui garde sa part des passions du monde, qui n'est maître de rien sauf de ses décisions.

Liberté et déterminisme *(ibid.)*

Le jugement le plus commun sur les actions humaines ne manque jamais de distinguer ce qu'elles auraient *dû être* de ce qu'elles *ont été* en effet, ce qui montre bien que les hommes se supposent libres. Et cette idée de liberté survit à tous les démentis de l'expérience, alors même qu'on pourrait tirer de tant de déceptions accumulées comme la preuve expérimentale que les hommes ne sont pas libres, puisque l'hypothèse de la liberté est sans cesse contredite par les actions réelles. Mais c'est seulement dans l'ordre de la nécessité naturelle qu'une telle preuve serait possible d'après le concept même de nature qui exclut radicalement la liberté. Celle-ci n'est donc pas une hypothèse expérimentale proprement dite que les faits pourraient confirmer ou infirmer ; c'est une *Idée* de la raison à laquelle ne peut correspondre aucune intuition, aucun objet donné. Il semble alors qu'on puisse adopter deux points de vue opposés. Pour la raison théorique, la nécessité naturelle est souveraine dans les sciences de la nature. Du point de vue de l'action, et en dépit de tous les arguments contraires, la liberté est indispensable à qui veut tenir une conduite raisonnable. L'opposition dialectique entre ces deux points de vue ne peut se résoudre au profit de l'un ou de l'autre. On ne peut sacrifier la liberté au nom de la science ni la science au nom de la liberté. Encore que si la contradiction ne pouvait être levée, c'est la science à coup sûr, c'est-à-dire la nécessité naturelle, qui serait en meilleure posture.

En effet, il est vain d'attendre une expérience favorable, proprement miraculeuse : dans l'ordre de la nature, il n'y a place pour aucun phénomène qui échapperait à la nécessité des causes et des effets. Que ferions-nous d'une liberté d'exception qui serait irrationnelle et aurait pour effet d'introduire l'incertitude dans la science ? Il faut que l'affirmation de la liberté ne change rien à l'ordre nécessaire des phénomènes. Quand nous disons que le sujet est libre, ce ne peut être en tant qu'il appartient à l'ordre naturel. Sa liberté est d'un autre ordre ; elle a un tout autre sens que si nous voulions à tout prix la loger dans les interstices du déterminisme, comme tenteront de le faire des physiciens inconséquents. Pour que la contradiction soit levée, il faut que liberté et déterminisme puissent être vrais ensemble, sans empiéter l'un sur l'autre, sans la moindre atténuation pour l'un ou pour l'autre. On ne prouve pas le déterminisme au détriment de la liberté et on n'affirme pas la liberté au détriment du déterminisme de la nature. C'est si vrai que les deux principes doivent valoir pour le même sujet, ce qui serait impossible s'ils se situaient dans le même plan. Et si irrésistible soit la certitude de la liberté, on ne gagne rien à affaiblir la connaissance théorique pour justifier ce qui dans son ordre est injustifiable. C'est donc à la philosophie spéculative d'ouvrir la voie à la philosophie pratique. Sans quoi le fatalisme pourrait s'engouffrer sans coup férir dans la place laissée vacante par la théorie. La morale ne peut laisser planer cette menace. C'est au nom de la liberté qu'elle demande à la philosophie spéculative de ne pas renoncer à ses prérogatives. Non pas que la philosophie spéculative puisse par elle-même faire avancer la philosophie pratique, mais elle peut monter la garde en s'armant de lucidité afin que la raison pratique ne reste pas à la merci de théories abusives. La volonté raisonnable présuppose un monde dans lequel son action garde un sens.

Il n'y a pas de liberté psychologique *(ibid.)*

Il faut toujours en revenir à la raison commune, à la conscience invincible de son indépendance à l'égard du sensible. Car, en tant qu'intelligence, l'homme se sachant doué de volonté, c'est-à-dire de causalité, ne peut alors accepter de se considérer comme un simple phénomène tributaire d'enchaînements naturels ; il se pense comme un être réel, un être en soi, indépendant. Sans doute continue-t-il d'appartenir en même temps au monde sensible avec ses déterminations propres, mais ce n'est pas contradictoire quand on a dissocié comme il convient l'usage pratique et l'usage spéculatif de la raison. Simplement, il faut bien comprendre ce que l'on entend lorsqu'on s'attribue une volonté. Ce qui est ainsi désigné, c'est une causalité entièrement indépendante du désir, de l'inclination, de tout ce qui relève de la sensibilité. Elle agit dans le temps, non pas selon le temps. Il faut surtout ne pas se représenter le sujet moral sous la forme d'un psychisme. La volonté n'est pas un concept psychologique, car la psychologie peut tout expliquer sauf qu'un homme soit libre. Ni la peur ni l'intérêt ni la passion ne sont tout-puissants sur notre conduite ; ils ne peuvent atteindre la liberté en son principe, qui est d'un autre ordre, qui appartient à un monde que peut seule concevoir l'intelligence pure. Si ce monde était simplement conçu comme libéré des déterminations relatives de l'espace et du temps, la volonté pourrait se comprendre comme libre arbitre, comme liberté de choix. Mais ici ce monde est envisagé seulement comme un monde moral, c'est-à-dire un monde où la liberté est comprise comme autonomie, comme principe d'une législation universelle. La question de savoir si la liberté de choix garde un sens en dehors de l'autonomie n'a donc pas, au moins dans la présente recherche, a être posée. C'est parce que l'homme n'est pas seulement un être raisonnable qu'il peut aussi se représenter comme phénomène — et comme phénomène de lui-même —, car son moi fondamental ne comporte aucune des déterminations psychologiques relatives à la sensibilité. A cet égard, ce que ce moi peut assurément s'imputer, ce sont les accommodements par lesquels il compromet la pureté de ses maximes au profit d'influences étrangères à une volonté rationnelle. Car ces influences elles-mêmes demeurent innocentes tant qu'elles ne sont pas en balance avec l'autorité de la raison législatrice.

La liberté, objet de pensée, non d'expérience *(ibid.)*

L'erreur philosophique serait de se transporter dans ce monde purement concevable avec les attributs ordinaires de la perception et de la sensibilité. Ce serait contrevenir à la prudence critique que d'imaginer ce monde, de s'y installer par le sentiment : le moi fondamental ne peut s'apparaître à lui-même et s'y sentir comme dans un monde sensible simplement éthéré. Il faut d'abord comprendre ce monde purement concevable par opposition au monde sensible qui n'a aucune autorité sur la volonté morale. L'on peut envisager sa conception comme positive parce qu'elle suppose l'existence d'une telle volonté comme pouvoir de détermination, pouvoir d'agir, causalité purement rationnelle. C'est seulement dans la mesure où je peux porter ma maxime à l'universalité que je me conçois comme un être réel et indépendant. En ce sens, la moralité enveloppe une certitude métaphysique. Mais il y a loin de la pensée à la connaissance. Si la pensée va bien au-delà de la connaissance, c'est qu'elle renonce à se représenter des objets comme s'ils pouvaient nous être donnés. En particulier, je ne trouverai pas, je ne dois surtout pas chercher dans le monde intelligible, cet objet de la volonté, ce mobile dont je ne saurai jamais rien. Rappelons que ce monde n'est pas conçu à la ressemblance du monde familier de la perception, mais bien plutôt par opposition et par exclusion. Il n'est qu'un point de vue de la raison qui se conçoit elle-même comme pratique, qui s'assure ainsi qu'elle est d'un autre ordre que le sensible. En un certain sens, on peut dire que la morale n'est pas de ce monde si l'on comprend en même temps que le monde moral n'est pas un refuge nous permettant de déserter ce monde-ci qui demeure le lieu de nos devoirs. Principe de liberté, ce monde moral est en outre la patrie commune de tous les êtres raisonnables. Il y a un monde des âmes. Cette conviction, ou plutôt cette foi, qui est pensée pure, est pour l'homme une référence et une justification.

La limite extrême de toute philosophie pratique (§§ 20 à 34)

Il semble que nous touchions ici à la limite extrême de toute philosophie pratique. Comment une raison pure peut-elle être pratique, ou, ce qui est la même chose, comment la liberté est-elle possible ? C'est une question dont nous ne pouvons pas rendre compte. En effet, expliquer suppose toujours que l'objet puisse être donné dans quelque expérience sans laquelle il ne relèverait d'aucune loi. Or, une telle éventualité ne peut advenir pour une simple idée de la raison qui, par essence, dépasse les conditions de l'expérience possible. Il se trouve simplement que je crois avoir conscience d'une volonté, d'une faculté d'agir selon la raison, indépendamment des sollicitations naturelles. Or là où la nature ne joue plus cesse toute *explication* possible. Nous sommes passés du côté de la métaphysique, mais d'une métaphysique pour ainsi dire négative, qui nous laisse sur la *défensive* face aux arguments des adversaires de la liberté. La défense de la liberté est la seule justification de la métaphysique, si l'on entend ici du moins la démarche de la pensée consistant à dépasser les conditions de l'expérience possible. Les adversaires de la liberté refusent de reconnaître l'homme comme intelligence, comme être en soi, indépendant. Pour eux, l'homme n'est jamais qu'un phénomène, un simple objet, quelque attribut plus ou moins subtil qu'ils lui prêtent pour atténuer la rigueur du verdict. Ils refusent d'admettre que notre causalité, notre volonté, soit irréductible en son principe aux lois du monde naturel. Et, comme leur argument majeur consiste à susciter l'horreur de la contradiction, le seul moyen de le rendre inopérant repose sur la distinction entre le phénomène et la chose en soi.

La prudence critique qui accompagne cette distinction capitale nous avertit que nous ne sommes pas plus avancés sur la question de savoir comment une volonté libre est possible ou, ce qui revient au même, comment nous pouvons bien prendre un intérêt à la loi morale. Une chose est certaine : cet intérêt existe à la source du sentiment moral qui, on le sait, n'est pas le principe du jugement moral mais l'effet subjectif de la loi sur la volonté. Il y a en effet une grande différence entre le fait d'être intéressé par un objet qui sollicite la sensibilité (un objet de désir) et le fait de prendre un intérêt à quelque chose qui ne sollicite en rien la sensibilité, qui au contraire tend à l'écarter, voire à l'humilier. Cet intérêt seul est immédiat, indépendant des objets capables d'influencer la volonté. Même l'intérêt logique de la raison, l'intérêt spéculatif pour la connaissance pure, n'est pas immédiat, car il suppose des fins auxquelles la raison subordonne son usage.

Il est incompréhensible que la raison pure ait le pouvoir de nous inspirer un sentiment de satisfaction, c'est-à-dire un plaisir dans l'accomplissement du devoir. Contradiction ou paradoxe ? Il serait proprement absurde de réinstaller *in extremis* au cœur de la moralité le mobile affectif qui en avait été chassé avec la dernière rigueur. Mais enfin nous n'assistons pas sans révolte au spectacle de l'injustice et l'on sait que même la bonne conscience n'est pas une conscience heureuse. Il faudrait pouvoir dire comment une simple idée, une idée qu'on peut seulement concevoir, qui ne correspond à aucun objet perceptible, peut encore nous réjouir ou nous affliger. Cette sorte de causalité sort absolument du domaine commun de l'expérience possible, condition de tout essai d'explication. Il nous est donc interdit à nous autres hommes d'expliquer pourquoi l'universalité formelle de la maxime, c'est-à-dire la moralité elle-même, nous intéresse. Nous savons seulement que la valeur à nos yeux de la moralité ne se fonde pas sur un intérêt, mais que c'est elle qui produit un intérêt et qui le fonde. Contre toutes les théories psychologiques de la motivation, qui procèdent d'une manière basse de penser, il faut comprendre que c'est la raison en nous qui, sans l'entremise d'aucun mobile, produit un intérêt pour la moralité. Sinon, d'où nous viendrait l'idée même d'obligation ? L'homme est l'être en lequel la subordination du phénomène à la chose en soi permet de caractériser la moralité comme fait non empirique, comme fait de raison, irrécusable.

La raison humaine atteint ici la limite extrême de sa lucidité. Nous savions déjà que la certitude morale précède absolument toute étude philosophique. Il nous faut maintenant convenir qu'à la plus grande certitude qui soit, et qu'il n'est au pouvoir d'aucun homme de mettre sérieusement en doute, correspond la plus grande incertitude spéculative. Au moment même où aucun doute ne doit nous effleurer sur la conduite à tenir, la faculté de connaître se voit contrainte de déclarer forfait, dans l'incapacité où elle est de nous apporter son appui. Or je ne peux pas attendre de savoir pour agir. On n'attend pas d'en savoir plus, d'avoir une philosophie, pour être juste. Je ne peux pas m'excuser d'un mensonge ou d'une lâcheté en invoquant mon ignorance sur la raison dernière de l'impératif catégorique. Sans doute ne doit-on pas exagérer ce dénuement. La philosophie spéculative a des ressources qui sont suffisantes. C'est de l'idée de liberté que nous avons besoin pour être sûrs que nos devoirs ont un sens. Mais cette idée, nous l'avons. Nous devons savoir, il est vrai, que c'est seulement une idée, mais aucune argumentation, même l'ingéniosité du plus savant des hommes, ne peut nous l'ôter. Nous avons montré que la supposition de la liberté est à l'abri de toute contestation théorique puisqu'elle ne peut en aucune façon mettre en cause la nécessité naturelle qui est d'un autre ordre. Or la liberté de la volonté entraînant son autonomie, la conscience de l'obligation morale doit l'admettre dans sa détermination et dans son action, comme condition suprême.

L'incompréhensible *(ibid.)*

Il reste que je ne comprendrai jamais comment la raison pure, c'est-à-dire le principe formel d'universalité qui se présente indépendamment de tout objet, de tout but, de toute impulsion sensible, peut fournir un mobile, un intérêt désintéressé, purement *moral*. La philosophie nous apprend du moins pourquoi il nous est impossible de savoir *comment une raison pure peut être pratique* et elle nous évite ainsi une vaine recherche. Elle nous évite de courir l'aventure, de nous hasarder dans ce monde intelligible, certes concevable comme son nom l'indique, et dont nous avons une *idée* parfaitement fondée, mais dont il est également certain que nous ne pouvons avoir aucune *connaissance*. Cette idée nous sert seulement à comprendre — mais là est l'essentiel — qu'il y a plus dans notre volonté que ce qu'elle peut céder à la peur, à l'intérêt ou à la passion, que le domaine de ce qui peut être décrit, sociologiquement ou psychologiquement expliqué, n'est pas le tout du tout, qu'il y a encore autre chose, même pour les plus incrédules et quoi qu'ils disent parfois. La volonté dans son fond ne peut être déterminée par rien d'assignable en ce monde. Elle a elle-même son propre idéal. L'idée du monde intelligible, voilà le mobile. Elle crée un intérêt qui passe tous les intérêts du monde visible. Mais là se limite irrévocablement notre savoir. Au moins la conscience de cette limite m'évite-t-elle d'errer sans fin, ou plutôt de rester planté comme la colombe[1] qui s'essoufflerait à battre des ailes sans changer de place dans l'espace vide des concepts transcendants. Le savoir doit être capable de tracer lui-même sa limite. Le reste est croyance, mais croyance rationnelle, foi sans credo mais agissante dans le somptueux règne des fins.

Remarque finale (§ 35)

Il n'est certes pas indifférent de rappeler que chemin faisant et dans des difficultés immenses l'on n'ait jamais fait appel à Dieu pour qu'il vienne au secours du philosophe se débattant en solitaire. Cette sagesse est la principale valeur d'une philosophie attachée à la raison humaine, mais en même temps attentive à reconnaître les limites de son pouvoir. Nous ne devons pas oublier que la science de la nature restera toujours une connaissance inachevée, que l'on peut démontrer le caractère irrévocable de cet inachèvement et que l'exigence spéculative qui nous porte à poser comme nécessaire une cause suprême du monde appartient en propre à la pensée sans pouvoir aboutir à un savoir. Dans son usage

---

1. A rapprocher de la *Critique de la raison pure*, Introduction (p. 36) : « La colombe légère, lorsque, dans son libre vol, elle fend l'air dont elle sent la résistance, pourrait s'imaginer qu'elle réussirait bien mieux encore dans le vide. C'est justement ainsi que Platon quitta le monde sensible parce que ce monde oppose à l'entendement trop d'obstacles divers, et se risqua au-delà de ce monde, sur les ailes des idées, dans le vide de l'entendement pur. »

pratique, la même raison, qui est la faculté de l'inconditionné, est sans doute plus heureuse, car l'action d'un être raisonnable, qui suppose un tel principe, engage un pouvoir d'agir qui ne fait de doute pour personne. C'est la seule satisfaction qui nous soit laissée : si l'inconditionné échappe aux prises de la raison théorique, sa supposition s'accorde avec la certitude morale ; c'est même cette certitude valant par elle-même et sans autre point d'appui préalable qui lui donne un sens. Si l'on ne peut aller plus loin, ce n'est pas faute d'effort et de lucidité, mais c'est la raison humaine qui est ainsi. Il fallait éviter la faute — et il semble bien que nous l'ayons évitée — d'en rabattre sur les principes et de subordonner la moralité à une condition d'occasion trouvée sur le marché tant fréquenté des intérêts. Mais c'eût été sacrifier la moralité. Nous devons donc nous féliciter, non pas de ne pas comprendre la nécessité de l'impératif moral, mais de comprendre son incompréhensibilité. Ainsi, la philosophie a-t-elle rempli son contrat, sans jamais congédier la raison, comme pensée des limites. En même temps elle a découvert que, comme pensée de l'inconditionné, la raison est une foi. La moralité en acte peut seule donner un sens à l'idée de Dieu et l'espérance elle-même est volonté. Cette prééminence de la raison pratique, qui lui donne le pas sur toute spéculation, signifie que la philosophie est une tâche morale, que la morale n'est pas une partie de la philosophie, mais toute la philosophie.

C'est également dire que la question de la chose en soi n'est pas futile et comme un expédient commode pour préserver le fantôme de la métaphysique dogmatique. Simplement, le sujet moral en tant que tel étant une chose en soi n'a affaire qu'à des choses en soi. L'important n'est pas la connaissance, mais l'action, la décision. La signification dernière de la chose en soi n'est donc pas d'ordre spéculatif, mais pratique. Aussi les batailles d'école laisseront-elles le plus souvent de côté l'enjeu de la philosophie critique. En outre, la chose en soi est le contraire de ce que nous nommons ordinairement une chose : elle est le sujet existant pour soi, raison qui se sait, principe de toutes nos pensées.

CONCLUSION

Rappelons que les deux premières sections de l'ouvrage s'emploient à dégager la moralité de l'amalgame où elle se perd, afin de l'obtenir, s'il est permis d'anticiper sur un propos presque littéral de l'auteur, *à l'état chimiquement pur*[1]. C'est dans cette rigueur d'analyse, notamment dans l'examen de cas extrêmes, de cas limites et par là significatifs, qu'on a voulu voir un intolérable rigorisme moral et même un ascétisme. Si le conflit entre la raison et la sensibilité est inévitable, il n'est pas dit qu'il doive adopter les nobles accents de la tragédie et il n'est jamais présenté comme un modèle de vie. Mais enfin, nous ne le savons que trop, beaucoup d'hommes passent pour honnêtes et bons qui tout simplement n'ont pas eu la malchance de se trouver dans les situations où se révèlent les tortionnaires.

Il suffit pourtant de lire, et d'abord de comprendre la méthode suivie, pour s'apercevoir que la trop fameuse « morale de Kant » se trouve dans bien des livres sauf dans ceux que Kant a lui-même écrits. Cette méthode, déjà illustrée par la *Critique de la raison pure*, n'est rien d'autre qu'une idée de la pensée en nous comme ce qui jamais ne se soumet. Constater, enregistrer des faits — n'en déplaise aujourd'hui aux fanatiques de la documentation et de l'information —, ce n'est pas penser : le réaliste ne pense pas ; il finit même par interdire aux autres de penser. C'est déjà vrai dans l'ordre de la connaissance, puisque la première *Critique* est avant tout un texte juridique au sens, le seul vrai, où il énonce le droit, les règles, les conditions *a priori* de toute connaissance, et même de toute expérience : ce n'est pas la pensée qui plie devant les faits, mais ce sont les faits qui ne peuvent pas se soustraire aux conditions de la pensée. C'est encore plus vrai dans l'ordre des mœurs où il n'est plus question d'expérience, même simplement possible, la raison n'ayant ici affaire qu'à elle-même. La pensée juge alors souverainement. Car la question est bien de savoir, en définitive, qui commande. Or ni l'existence, ni l'événement, ni l'histoire ne commandent rien. Non pas, nous le savons,

---

[1]. *Critique de la raison pratique,* Conclusion, dernier §, pp. 174-175.

qu'il faille en un autre sens abolir tout commandement : la conscience commune fait elle-même l'épreuve irrécusable d'une soumission intérieure, mais absolue ; simplement, il faut ne pas se tromper de référence et savoir reconnaître l'autorité vraie. Prestigieux ou dérisoire, un tyran n'est pas un maître, et je me dois d'être plus fort que le plus cruel tyran. Toute la morale consiste à bien placer son respect. Le mal est de s'en remettre aux choses, de les laisser s'interposer entre les personnes, de méconnaître la république invisible des esprits, notre loi organique, notre constitution non écrite.

Mais la leçon de cette lecture ne peut avoir toute sa portée qu'à la condition d'inviter expressément à prendre position par rapport aux séquelles idéologiques de contresens majeurs, naïfs ou de mauvaise foi, qui ne renouvellent qu'en apparence le scepticisme moral. Ainsi, par exemple, c'est se moquer de ce qu'on lit ou ne pas lire que de comprendre le devoir comme un interdit social intériorisé. D'abord, parce que la loi morale n'énonce aucun interdit : rien n'est défendu pour Dieu ou en général pour un être purement doué de raison. Ensuite, parce que ce qui est défendu s'oppose à ce qui est permis et que la morale ne consiste nullement à octroyer des permissions : il ne m'est pas permis de mentir signifie qu'en toute rigueur je dois dire la vérité. Le devoir est toujours positif. Enfin, parce que la rationalité de la loi morale n'est contraignante qu'en raison des obstacles qu'elle rencontre en nous et qui tiennent à notre nature. Soupçonner dans la distinction de la nature et de la liberté la résurgence d'un pessimisme religieux, c'est donc s'exposer à mal placer la liberté, à choisir un point de vue unilatéral sur l'homme qui n'aurait plus alors de critère pour juger en général et pour apprécier la valeur de ses actions en particulier. Le *tu dois* n'est en aucune façon inscrit sur chaque écaille du grand dragon mis en scène par Nietzsche, et d'ailleurs le verbe *devoir* ne peut ici se conjuguer qu'à la première personne, de sorte que, pour passer du *je dois* au *je veux*, il n'est besoin d'aucune métamorphose[1]. Ni servitude volontaire ni vouloir léonin. La liberté n'est pas davantage l'expression d'une contingence, d'un manque d'être, d'un néant con-

---

1. Nietzsche, *Ainsi parlait Zarathoustra,* premier discours : « Les Trois Métamorphoses ».

damné à transcender l'épaisseur du monde par un libre projet selon Sartre. Mais ce ne sont que des exemples. Refuser de distinguer le rationnel de l'empirique, le règne de la liberté de la tyrannie des passions, exclure toute idée de norme, revient à ouvrir la voie à l'irrationalisme, à laisser libre cours aux idéologies qui fomentent la violence politique. C'est un fait digne de remarque que l'avertissement nous vienne d'un philosophe allemand, l'un des rares qui, dans une grande tradition de profondeur philosophique, ait voulu porter la lumière jusque dans la profondeur même, ce qui le préserve de cautionner, ne serait-ce que par un savant clair-obscur, la guerre et la terreur.

Les critiques dont l'analyse kantienne a été la cible ont assuré la modernité de Calliclès qui, dans le *Gorgias* de Platon, a le mérite de la clarté tandis que le talent des Calliclès modernes culmine volontiers dans l'hermétisme. Il peut paraître étrange que la dénonciation de l'idéal ascétique, de la morale tenue pour répressive, de l'impersonnalité inauthentique, ait pu conduire à flatter l'opinion à la manière sophistique et à conforter les pires tyrannies. C'est que, si le fort a tous les droits, il ne peut les faire valoir qu'en tirant parti chez les faibles de ce qui, étant constitutif de leur faiblesse, les voue à une définitive servitude. Et par là même il doit tenir compte de l'opinion, se montrer compréhensif à l'égard de l'histoire qui passe. Plus que les discours prophétiques, la terreur prononce de façon parlante la fin de toute philosophie. Peut-être s'est-on rarement aventuré avec toute la circonspection souhaitable dans la postérité philosophique de Kant. Certes, la critique du moralisme, de l'ascétisme, de l'acharnement répressif et du ressentiment est en soi très salubre. Mais pour l'essentiel on la trouve en premier lieu dans Kant lui-même. De même l'homme du devoir n'est pas la belle âme, selon Hegel, qui méprise le cours du monde, l'histoire des hommes, quand il s'agit de saluer l'événement inoubliable de la Révolution française[1] ou de rappeler que le respect de l'humanité s'applique également aux Hottentots[2],

---

1. *Conflit des facultés,* cf. note 24.
2. *Métaphysique des mœurs,* Première Partie, *Doctrine du droit,* Deuxième et Troisième Sections (Vrin, p. 236).

que le progrès de la civilisation ne justifie pas, en l'espèce, l'oppression coloniale.

Après Kant, il n'y aura guère qu'Auguste Comte pour prendre la mesure de la scientificité. L'un et l'autre savent qu'on ne peut s'en tenir à l'intellectualité pure. Le progrès scientifique signifie qu'il serait contradictoire que la science fût jamais finie et il n'est lui-même possible que par une renonciation sans retour à une connaissance capable de dépasser le sensible, le phénoménal, le relatif. Ainsi semblerait être définitivement rompue l'unité sans faille de la philosophie antique qui effectuait dans l'idée de sagesse la synthèse de la connaissance et de l'action. Et, en effet, notre science n'a aucune prise sur ce qui, au contraire, intéresse l'idée de sagesse. La dissymétrie est complète entre science et morale. L'on sait au moins depuis Rousseau que le progrès de l'une n'entraîne pas le progrès de l'autre, que l'absolu est entièrement du côté de la pratique, sans appui dans la connaissance de ce qui est. Peut-être la crise de la conscience contemporaine vient-elle de réduire la pensée à la seule connaissance. Il faut limiter le savoir pour sauver la raison, pour la rendre à l'humanité et à ses tâches. L'œuvre entière de Kant vise à montrer que, dans la région profonde de la certitude, l'absolu est liberté, ne se prouve que par l'action. Comte enseignera que, la science ayant déjà accompli l'essentiel de son œuvre, c'est désormais à l'art qu'il revient d'assurer l'avenir de l'humanité. Kant pour sa part achève sa philosophie par une méditation du beau qui peut seul nous rendre l'unité perdue, nous faire espérer l'accord final entre le sensible et l'intelligible.

Au cours de notre lecture, nous avons déjà rencontré les mots *sublime* et *sublimité*, qui relèvent du jugement esthétique. Le sentiment du sublime est une composante du respect. Nous savons ainsi qu'il n'y a de sublime que le sujet, sa liberté infinie, sa valeur qui passe tout prix, qui surpasse en grandeur l'immensité des mondes. Le sentiment de cette disproportion, au cœur de la certitude, est le vrai mobile moral. La volonté, ainsi que l'enseigne Descartes, est sans proportion avec l'entendement, avec toutes les choses finies. Quant au sentiment du beau, qui échappe à l'hétéronomie des lois de l'expérience, il témoigne d'une pure réflexion qui nous élève par le symbole jusqu'à l'intelligible. Nous n'avons rien d'autre en face de nous que le sensible, mais la calme contemplation nous découvre l'autre monde dans ce monde-ci. C'est ainsi que la beauté est le symbole de la moralité[1].

Par réflexion pure, c'est-à-dire libre à la différence de la connaissance scientifique qui est soumise à des règles et à des limites, la pensée retrouve donc dans la beauté naturelle et dans l'art l'accord du sensible et de l'intelligible. Accord ou promesse d'un accord ? Comme la vie, la beauté est un don. Si la limite du savoir réserve une place à la foi, celle-ci ne se justifie que par l'action. Car cette philosophie garde jusqu'au bout sa puissance d'étonnement : c'est nous qui donnons sens à notre vie, mais qu'il puisse y avoir un sens, nous sommes à jamais incapables d'en rendre raison. Ainsi pourtant la philosophie demeure encore fidèle à la sagesse. Elle nous invite à ne rien attendre du monde ordinaire, à ne rien supposer par rapport à nous dans l'ordre empirique des choses et des êtres, précaution qui nous préserve du pessimisme et nous engage sur la voie royale de l'optimisme pratique. Elle nous dispense ainsi de l'attente naïve comme de la déception. Par exemple, il faut croire avec le vertueux Épicure que l'amitié est une belle chose et aussi savoir à la manière stoïcienne que, la loyauté dans l'amité supposant d'abord l'amitié, ce qu'on tient parfois pour trahison n'est peut-être rien de tel, mais seulement la fin d'une illusion. La morale est stoïcienne en son fond.

---

1. *De la faculté de juger*, § 59.

INDEX
DES AUTEURS CITÉS
DANS LE COMMENTAIRE

ARISTOTE : 125
CICÉRON : 125
COMTE : 134, 140, 190
CORNEILLE : 132, 161

DESCARTES : 113, 129, 190

ECCLESIASTE : 128
EPICURE : 111, 191
EVANGILE : 134, 145

HEGEL : 135, 139, 140, 189

KIERKEGAARD : 172

LA ROCHEFOUCAULD : 144

MARX : 162

NIETZSCHE : 188

PASCAL : 164
PLATON : 135, 155, 175, 176, 185

ROUSSEAU : 128, 160, 190

SAINT JUST : 129
SAINT PAUL : 144
SARTRE : 189
SOCRATE : 142, 172
STOICIENS : 111, 125, 191

WOLF : 119, 166

N° de projet : 10087038 - (I) - 2 - (OSB 80°)
Imprimé par CLERC S.A. - 18200 Saint-Amand-Montrond
Dépôt légal : mai 2001 - Dépôt légal 1re édition : août 1991
Imprimé en France